EN İYİ EKMEK YEMEK KİTABI

Galeta Yapım Sanatında Ustalaşmak için 100 Tarif

Sibel Öztürk

Telif Hakkı Malzemesi ©2024

Her hakkı saklıdır

Bu kitabın hiçbir bölümü, incelemede kullanılan kısa alıntılar dışında, yayıncının ve telif hakkı sahibinin uygun yazılı izni olmadan, hiçbir şekilde veya yöntemle kullanılamaz veya aktarılamaz. Bu kitap tıbbi, hukuki veya diğer profesyonel tavsiyelerin yerine geçmemelidir.

İÇİNDEKİLER

İÇİNDEKİLER 3
GİRİİŞ 6
KLASİK GAZETE ÇUBUKLARI 7
   1. PALITOS DE PAN 8
   2. TARALLI 10
   3. FERRARESE EKMEĞİ 12
   4. BALLI COPPIA FERRARESE 14
   5. PUMPERNICKEL VE ÇAVDAR GALETA 17
   6. BİBERİYE VE KEKİKLİ EKMEK ÇUBUKLARI 19
   7. ADAÇAYI GALETA 21
   8. REZENE TOHUMLU YUMUŞAK GALETA 23
   9. YABANİ PİRİNÇ GALETA 25
   10. SOĞAN-REZENE GALETA 27
   11. BİBERLİ GALETA 29
   12. İNCİRLİ PROSCIUTTO SARILMIŞ GALETA 31
   13. TEMEL ZEYTİNYAĞLI GALETA 33
   14. KARABİBERLİ VE KAŞARLI GALETA 35
   15. BİBER PASTIRMALI GALETA 37
   16. REZENE VE İRİ TUZLU GALETA 39
   17. KRAFT PEYNİRLİ GALETA 41
   18. CEVİZLİ GALETA 43
   19. OLIVE GARDEN GALETA 45
DOLGULU GAZETE ÇUBUKLARI 47
   20. BİZE BİRAZ EKMEK ÇUBUKLARI 48
   21. PEYNİR DOLGULU GALETA 50
   22. JALAPENO GALETA 52
   23. PEPPERONI DOLMASI GALETA ÇUBUKLARI 54
   24. ISPANAKLI VE BEYAZ PEYNİR DOLMASI 56
   25. PASTIRMA VE CHEDDAR DOLMASI GALETA ÇUBUKLARI 58
GRISSINI 60
   26. KLASİK GRISINI 61
   27. SARIMSAK OTU GRISINI 63
   28. BİBERİYE VE PARMESAN GRISINI 65
   29. SUSAM TOHUMU GRISINI 67
TUZLU KRAKER 69
   30. ALSAS SİMİT 70
   31. ÇITIR KRAKER DAMLALARI 73
   32. KÖRİLİ KRAKERLER 75
   33. TATLI KRAKERLER 77
   34. ESPRESSO KRAKERLERİ 79

35. PENSİLVANYA HOLLANDA KRAKERLERİ 81
36. BİBER PEYNİRLİ SİMİT 83
37. NANE PRETZEL BASTONLARI 85
38. PHİLADELPHİA YUMUŞAK KRAKER 87
39. SCHOKOLADENPRETZEL (ÇİKOLATALI KRAKER) 89
40. ÖRÜMCEK KRAKERLERİ 91
41. KARABUĞDAYLI SİMİT 93
42. KARAMELLİ ÇİKOLATA KAPLI KRAKER 95
43. ÇİKOLATALI BADEMLİ KRAKER 97
44. ÇİKOLATALI KRAKER KURABİYELERİ 99
45. ÇİKOLATAYA DALDIRILMIŞ KRAKERLER 101
46. SARIMSAK OTLU SİMİT 103
47. JALEBİLER 106
48. KRINGLER (DANIMARKA KRAKERİ ŞEKİLLİ EKMEKLER) 108
49. NEUJAHRSPRETZEL (YILBAŞI KRAKERLERİ) 110
50. ESKİ ÜLKE AYRAN KRAKERLERİ 112
51. YOĞURT KAPLI KRAKER 114

EKMEK ÇUBUĞU 116

52. TEMEL TATLILAR 117
53. TARÇINLI TATLILAR 119
54. CHURROS VE ÇİKOLATA 121
55. PLANTAINLER CHURROS 123
56. KIRMIZI KADİFE İSPANYOL CHURROS 125
57. SAN DİABLO ESNAF CHURROS 127
58. TULUMBA TATLISI 130
59. ÇİKOLATALI CHURROS 133
60. KARAMEL DOLGULU CHURROS 135
61. BALKABAĞI BAHARATLI CHURROS 137
62. GLUTENSİZ CHURROS 139
63. NUTELLA DOLMASI CHURROS 141
64. CHURRO DONDURMALI SANDVİÇLER 143
65. DULCE DE LECHE CHURROS 145
66. MATCHA CHURROS 147
67. KIRMIZI KADİFE CHURROS 149
68. CHURRO ISIRIKLARI 151
69. LİMONLU CHURROS 153
70. HİNDİSTAN CEVİZLİ CHURROS 155
71. CHURRO GOFRETLERİ 157
72. ÇİLEKLİ CHEESECAKE CHURROS 159

EKMEK ÇUBUĞU BÜKÜMLERİ 161

73. TARÇINLI ŞEKER TWISTS 162
74. KARAMELLİ BÜKÜMLER 164
75. AVUSTURYA TWISTLERİ 166

76. Pizzanın Dönüşleri 168
77. İsveç Anıswe Twistleri 170
78. Nutellalı Pasta Bükümleri 172
79. Hava Fritözü Sweet Twists 174
80. Limonlu Tatlı Twistler 176
81. Peynir ve Jambon Bükümleri 178
82. Çikolata ve Fındıklı Twistler 180
83. Tiramisu Twistleri 182
84. Sarımsaklı Parmesan Bükümleri 184
85. Jalapeno Cheddar Twists 186
86. Bufalo Tavuğu Twists 188
87. Pesto ve Güneşte Kurutulmuş Domates Bükümleri ...190
88. Ispanaklı ve Feta Twists 192
89. Barbekü Çekilmiş Domuz Bükümleri 194
90. S'mores Twists 196
91. Caprese Twistleri 198
92. Elmalı Tarçın Bükülmeleri 200
93. Jambonlu ve Peynirli Bükümler 202
94. Pestolu Tavuk Alfredo Twists 204
95. Akçaağaç Pastırma Bükümleri 206
96. Akdeniz Kıvrımları 208
97. Fındıklı Karamelli Bükülmeler 210
98. Ahududu Krem Peyniri Twists 212
99. Limonlu Yaban Mersini Twists 214
100. Akçaağaç Cevizli Twists 216

ÇÖZÜM 218

GİRİİŞ

Taze pişmiş ekmeğin aromasının havayı doldurduğu ve galeta yapımı sanatında ustalaşmanın memnuniyetinin beklediği "EN İYİ EKMEK YEMEK KİTABI" a hoş geldiniz. Gevrek dış yüzeyi ve yumuşak kırıntılarıyla galeta çubukları uzun zamandır yemeklerin sevilen bir eşlikçisi olmuş, çok yönlülüğü ve lezzetliliği nedeniyle el üstünde tutulmuştur. Bu yemek kitabında size hamurun, şekillendirmenin ve pişirmenin inceliklerinde rehberlik edecek 100 tarifle galeta çıtırı mükemmelliğinin sırlarını açığa çıkaracak bir yolculuğa çıkıyoruz. Galetalar sadece bir garnitürden daha fazlasıdır; fırıncının işçiliğinin ve becerisinin bir kanıtıdırlar. İtalya'nın mütevazı grissinisinden Kuzey Amerika'nın lezzetli kıvrımlarına kadar, her biri benzersiz bir mutfak deneyimi sunan çeşitli şekillerde, boyutlarda ve tatlarda galeta çubukları mevcuttur. Bu tarif koleksiyonunda, klasik favorilerden yenilikçi kreasyonlara kadar galetaların geniş dünyasını keşfedeceğiz ve size usta bir galeta yapımcısı olmanız için ihtiyaç duyduğunuz teknikleri ve ipuçlarını öğreteceğiz.

Her tarifle mayayla çalışma sanatını, glüten geliştirme bilimini ve doğru şekillendirme ve pişirmenin önemini öğreneceksiniz. Galeta ekmeklerinizi ister ince ve çıtır ister kalın ve çiğnenebilir tercih edin, bu yemek kitabında her zevke ve duruma uygun bir tarif var. Biraz pratik ve sabırla, en sevdiğiniz fırından çıkanlara rakip olabilecek ev yapımı ekmek çubuklarıyla arkadaşlarınızı ve ailenizi çok geçmeden memnun edeceksiniz. Ancak "EN İYİ EKMEK YEMEK KİTABI" sadece tariflerden oluşan bir koleksiyondan daha fazlasıdır; pişirme keyfinin ve sıfırdan lezzetli bir şeyler yaratmanın memnuniyetinin bir kutlamasıdır. İster deneyimli bir fırıncı olun ister mutfakta acemi olun, her tarif ulaşılabilir, takip edilmesi kolay ve lezzetli sonuçlar vermesi garantili olacak şekilde tasarlanmıştır.

O halde kollarınızı sıvayın, oklavanızın tozunu alın ve ekmek çubuğu ustalığı yolculuğuna çıkmaya hazır olun. Keşfedilecek 100 tarifle tek sınır hayal gücünüzdür. Haydi birlikte dalalım ve galeta yapımı sanatını birlikte keşfedelim.

KLASİK GAZETE ÇUBUKLARI

1. Palitos de pan

İÇİNDEKİLER:
- 2 fincan çok amaçlı un
- 1 çay kaşığı tuz
- 1 çay kaşığı şeker
- 2 ¼ çay kaşığı aktif kuru maya
- ⅔ bardak ılık su
- 2 yemek kaşığı zeytinyağı
- İsteğe bağlı malzemeler: susam, haşhaş tohumu, rendelenmiş Parmesan peyniri vb.

TALİMATLAR:
a) Küçük bir kapta şekeri ılık suda eritin. Mayayı suyun üzerine serpin ve köpük haline gelinceye kadar yaklaşık 5 dakika bekletin.
b) Bir karıştırma kabında çok amaçlı un ve tuzu birleştirin. Ortasını havuz şeklinde açıp maya karışımını ve zeytinyağını dökün.
c) Malzemeleri bir hamur oluşana kadar karıştırın. Hamuru unlu bir yüzeye aktarın ve pürüzsüz ve elastik hale gelinceye kadar yaklaşık 5-10 dakika yoğurun. Yapışmayı önlemek için gerekirse daha fazla un ekleyin.
ç) Hamuru yağlanmış bir kaba alıp üzerini temiz bir mutfak havlusu ile örtün ve ılık bir yerde yaklaşık 1 saat veya hacmi iki katına çıkana kadar mayalanmaya bırakın.
d) Fırınınızı önceden 200°C'ye (400°F) ısıtın ve fırın tepsisini parşömen kağıdıyla kaplayın.
e) Hava kabarcıklarını serbest bırakmak için hamuru aşağı doğru bastırın. Hamuru küçük porsiyonlara bölün ve her porsiyonu yaklaşık ½ inç kalınlığında ve 6-8 inç uzunluğunda ince çubuk benzeri bir şekle getirin.
f) Ekmek çubuklarını hazırlanan fırın tepsisine aralarında biraz boşluk kalacak şekilde yerleştirin. İstenirse susam tohumu, haşhaş tohumu veya rendelenmiş Parmesan peyniri gibi isteğe bağlı malzemeleri galetaların üzerine serpin.
g) Ekmek çubuklarını önceden ısıtılmış fırında yaklaşık 12-15 dakika veya altın rengi kahverengi ve gevrek oluncaya kadar pişirin.
ğ) Ekmek çubuklarını fırından çıkarın ve servis yapmadan önce tel ızgara üzerinde soğumasını bekleyin.

2.Taralli

İÇİNDEKİLER:
- 4 su bardağı çok amaçlı un
- 2 çay kaşığı tuz
- 2 çay kaşığı şeker
- 2 çay kaşığı kabartma tozu
- 120 ml (½ bardak) beyaz şarap
- 120ml (½ su bardağı) sızma zeytinyağı
- Su (gerektiği kadar)
- İsteğe bağlı tatlandırıcılar: rezene tohumu, karabiber, pul biber vb.

TALİMATLAR:
a) Büyük bir karıştırma kabında un, tuz, şeker ve kabartma tozunu birleştirin. İyice karıştırın.
b) Kuru malzemelere beyaz şarap ve zeytinyağını ekleyin. Malzemeler bir araya gelmeye başlayana kadar karıştırın.
c) Pürüzsüz ve hafif sert bir hamur elde edene kadar hamuru ellerinizle yoğururken, azar azar su ekleyin. İhtiyaç duyduğunuz su miktarı ortamınızın nemine göre değişiklik gösterebilir.
ç) İstenirse hamura rezene tohumu, karabiber veya pul biber gibi aromalar da ekleyebilirsiniz. Aromaların eşit şekilde dağılması için hamuru birkaç kez daha yoğurun.
d) Hamuru daha küçük parçalara bölün ve her parçayı yaklaşık 1 cm (0,4 inç) çapında ince bir ip halinde yuvarlayın.
e) İpi yaklaşık 7-10 cm (2,8-4 inç) uzunluğunda küçük parçalar halinde kesin.
f) Her bir parçayı alın ve uçlarını birleştirerek halka şekli oluşturun.
g) Fırını önceden 180°C'ye (350°F) ısıtın.
ğ) Büyük bir tencereye suyu kaynatın. Kaynayan suya bir avuç tuz ekleyin.
h) Kaynayan suya dikkatli bir şekilde birkaç Taralli atın ve yaklaşık 1-2 dakika veya yüzeye çıkana kadar pişirin.
ı) Delikli bir kaşık veya kepçe kullanarak, haşlanmış Taralli'yi sudan çıkarın ve parşömen kağıdıyla kaplı bir fırın tepsisine aktarın.
i) Taralli'yi önceden ısıtılmış fırına yerleştirin ve yaklaşık 25-30 dakika veya altın rengi kahverengi ve gevrek oluncaya kadar pişirin.
j) Taralli'yi fırından çıkarın ve servis yapmadan önce tamamen soğumasını bekleyin.

3.Ferrarese ekmeği

İÇİNDEKİLER:
- 500 gr Un 00
- 175 gr Su
- 30 gr domuz yağı
- 50 gr Ana maya
- 9 gr Tuz
- 5 gr Malt
- 20 gr sızma zeytinyağı

TALİMATLAR:
a) Suyu, maltı bir kaseye dökün ve içinde ana mayayı eritin, unu ekleyin ve her şey karışana kadar çalışın. Domuz yağını ekleyip iyice çekmesini sağlayın, hamur bittiğinde yağı ve tuzu ekleyip pürüzsüz ve homojen bir kütle oluşturacak şekilde yoğurun. Yaklaşık 195-200 g'lık 4 Ferrara çifti elde etmek için hamuru 95-100 g'lık 8 somuna bölün.

b) Her bloğu oklava veya makarna makinesiyle 1,2 cm kalınlık elde edene kadar işleyin.

c) Şimdi her bir somunu yuvarlayın: bir elinizle bir ucunu tutun ve diğer elinizle yuvarlamaya ve açmaya başlayın ve yavaşça neredeyse somunun sonuna kadar ilerleyin, işlemi başka bir somunla tekrarlayın.

ç) Bu noktada onları bir çift oluşturacak şekilde birleştirin (ortalarına bastırmanız gerekir) ve sıcak bir yerde bir fırın tepsisine 90-120 dakika kadar kabarmaya bırakın.

d) Fırını önceden 200°C'ye ısıtın ve 18-20 dakika pişirin.

4.Ballı Coppia Ferrarese

İÇİNDEKİLER:
YAPRAK İÇİN:
- 200 gr çok amaçlı un
- 1 çay kaşığı zeytinyağı
- 1 çay kaşığı bal
- Ilık su
- Hamur için:
- 1 kg un (Tip 0)
- 350 mi su
- 60 gram domuz yağı
- 40 ml sızma zeytinyağı
- 100 gr maya
- 1 çay kaşığı tuz
- 1 yemek kaşığı arpa maltı

TALİMATLAR:
YAPRAK:
a) 200 gr unu bir kaseye alın.
b) Una bir miktar ılık su, bir çay kaşığı yağ ve bir çay kaşığı bal ekleyin.
c) Topaksız, pürüzsüz bir karışım oluşana kadar karıştırın.
ç) Un karışımını top haline getirin.
d) Un topunu bir kaseye yerleştirin.
e) Kaseyi nemli bir mutfak havlusuyla örtün.
f) Unu 48 saat mayalanması için dinlenmeye bırakın.
g) Birkaç çay kaşığı ılık su ekleyip tekrar yoğurun ve üzerini tekrar nemli bir mutfak havlusu ile örtün.
ğ) Maya her hafta yenilenmelidir.

EKMEK İÇİN:
h) Hamur için tüm malzemeleri ağır hizmet tipi bir karıştırıcıya yerleştirin.
ı) Mikseri açın ve 15-20 dakika kadar yoğurun.
i) Hamuru bir tezgaha veya düz bir yüzeye aktarın.
j) Hamuru yaklaşık 5 cm çapında toplara bölün.
k) Elle şekillendirmek için, her bir topu unlanmış yüzeyde yaklaşık 30 cm uzunluğunda şeritler halinde açın.

l) Hamuru turtadaki gibi bastırmak için avucunuzu kullanın ve koni şeklindeki boynuzlara yuvarlayın.
m) Çiftlerin karakteristik şeklini elde etmek için bu tür ruloların çiftlerini bir araya örün (ortada iç içe geçmiş dört koni biçimli boynuz).
n) Şekil verildiğinde çiftleri ahşap bir tahtaya aktarın.
o) Çiftleri ıslak bir mutfak havlusuyla örtün.
ö) 1 saat ile 1,5 saat arası dinlenmeye bırakın.
p) Fırını önceden 375°F'ye ısıtın.
r) Çiftleri altın kahverengi olana kadar pişirin.
s) Coppia Ferrarese'yi fırından çıkarın ve soğuması için tel rafın üzerine kaydırın.
ş) Coppia Ferrarese servise hazır.

5.Pumpernickel ve Çavdar Galeta

İÇİNDEKİLER:

- 1 su bardağı çavdar unu
- 1 fincan çok amaçlı un
- 1/2 su bardağı kabak unu
- 2 çay kaşığı kabartma tozu
- 1 çay kaşığı tuz
- 1 çay kaşığı kimyon tohumu
- 1/4 bardak tuzsuz tereyağı, eritilmiş
- 3/4 su bardağı süt

TALİMATLAR:

a) Fırını önceden 375°F'ye (190°C) ısıtın. Bir fırın tepsisini parşömen kağıdıyla hizalayın.
b) Büyük bir kapta çavdar unu, çok amaçlı un, kabak unu, kabartma tozu, tuz ve kimyon tohumlarını birlikte çırpın.
c) Ayrı bir kapta eritilmiş tereyağı ve sütü birleştirin. Islak malzemeleri kuru malzemelerin içine dökün ve hamur bir araya gelinceye kadar karıştırın.
ç) Hamuru hafifçe unlanmış bir yüzeye alıp pürüzsüz hale gelinceye kadar birkaç kez yoğurun.
d) Hamuru 12 eşit parçaya bölün ve her parçayı 15 cm (6 inç) uzunluğunda bir ekmek çubuğuna yuvarlayın.
e) Ekmek çubuklarını hazırlanan fırın tepsisine yerleştirin ve 15-18 dakika veya altın kahverengi olana kadar pişirin.
f) Servis yapmadan önce ekmek çubuklarının hafifçe soğumasını bekleyin.

6.Biberiye ve Kekikli Ekmek Çubukları

İÇİNDEKİLER:

- 2 1/4 bardak çok amaçlı un
- 2 çay kaşığı kabartma tozu
- 1 çay kaşığı tuz
- 1 yemek kaşığı taze biberiye, ince doğranmış
- 1 yemek kaşığı taze kekik yaprağı
- 1/4 bardak tuzsuz tereyağı, eritilmiş
- 3/4 su bardağı süt

TALİMATLAR:

a) Fırını önceden 375°F'ye (190°C) ısıtın. Bir fırın tepsisini parşömen kağıdıyla hizalayın.

b) Büyük bir kapta un, kabartma tozu, tuz, taze biberiye ve taze kekik yapraklarını birlikte çırpın.

c) Ayrı bir kapta eritilmiş tereyağı ve sütü birleştirin. Islak malzemeleri kuru malzemelerin içine dökün ve hamur bir araya gelinceye kadar karıştırın.

ç) Hamuru hafifçe unlanmış bir yüzeye alıp pürüzsüz hale gelinceye kadar birkaç kez yoğurun.

d) Hamuru 12 eşit parçaya bölün ve her parçayı 15 cm (6 inç) uzunluğunda bir ekmek çubuğuna yuvarlayın.

e) Ekmek çubuklarını hazırlanan fırın tepsisine yerleştirin ve 15-18 dakika veya altın kahverengi olana kadar pişirin.

f) Servis yapmadan önce ekmek çubuklarının hafifçe soğumasını bekleyin.

7.Adaçayı Galeta

İÇİNDEKİLER:

- 2 1/4 bardak çok amaçlı un
- 2 çay kaşığı kabartma tozu
- 1 çay kaşığı tuz
- 1 yemek kaşığı taze adaçayı, ince doğranmış
- 1/4 bardak tuzsuz tereyağı, eritilmiş
- 3/4 su bardağı süt

TALİMATLAR:

a) Fırını önceden 375°F'ye (190°C) ısıtın. Bir fırın tepsisini parşömen kağıdıyla hizalayın.

b) Büyük bir kapta un, kabartma tozu, tuz ve taze adaçayı birlikte çırpın.

c) Ayrı bir kapta eritilmiş tereyağı ve sütü birleştirin. Islak malzemeleri kuru malzemelerin içine dökün ve hamur bir araya gelinceye kadar karıştırın.

ç) Hamuru hafifçe unlanmış bir yüzeye alıp pürüzsüz hale gelinceye kadar birkaç kez yoğurun.

d) Hamuru 12 eşit parçaya bölün ve her parçayı 15 cm (6 inç) uzunluğunda bir ekmek çubuğuna yuvarlayın.

e) Ekmek çubuklarını hazırlanan fırın tepsisine yerleştirin ve 15-18 dakika veya altın kahverengi olana kadar pişirin.

f) Servis yapmadan önce ekmek çubuklarının hafifçe soğumasını bekleyin.

8.Rezene Tohumlu Yumuşak Galeta

İÇİNDEKİLER:
- 2 1/4 bardak çok amaçlı un
- 2 çay kaşığı kabartma tozu
- 1 çay kaşığı tuz
- 2 yemek kaşığı rezene tohumu
- 1/4 bardak tuzsuz tereyağı, eritilmiş
- 3/4 su bardağı süt

TALİMATLAR:

a) Fırını önceden 375°F'ye (190°C) ısıtın. Bir fırın tepsisini parşömen kağıdıyla hizalayın.

b) Büyük bir kapta un, kabartma tozu, tuz ve rezene tohumlarını birlikte çırpın.

c) Ayrı bir kapta eritilmiş tereyağı ve sütü birleştirin. Islak malzemeleri kuru malzemelerin içine dökün ve hamur bir araya gelinceye kadar karıştırın.

ç) Hamuru hafifçe unlanmış bir yüzeye alıp pürüzsüz hale gelinceye kadar birkaç kez yoğurun.

d) Hamuru 12 eşit parçaya bölün ve her parçayı 15 cm (6 inç) uzunluğunda bir ekmek çubuğuna yuvarlayın.

e) Ekmek çubuklarını hazırlanan fırın tepsisine yerleştirin ve 15-18 dakika veya altın kahverengi olana kadar pişirin.

f) Servis yapmadan önce ekmek çubuklarının hafifçe soğumasını bekleyin.

9.Yabani Pirinç Galeta

İÇİNDEKİLER:
- 1 su bardağı pişmiş yabani pirinç
- 2 1/4 bardak çok amaçlı un
- 2 çay kaşığı kabartma tozu
- 1 çay kaşığı tuz
- 1/4 bardak tuzsuz tereyağı, eritilmiş
- 3/4 su bardağı süt

TALİMATLAR:
a) Fırını önceden 375°F'ye (190°C) ısıtın. Bir fırın tepsisini parşömen kağıdıyla hizalayın.
b) Büyük bir kapta pişmiş yabani pirinci, unu, kabartma tozunu ve tuzu birleştirin.
c) Ayrı bir kapta eritilmiş tereyağı ve sütü birleştirin. Islak malzemeleri kuru malzemelerin içine dökün ve hamur bir araya gelinceye kadar karıştırın.
ç) Hamuru hafifçe unlanmış bir yüzeye alıp pürüzsüz hale gelinceye kadar birkaç kez yoğurun.
d) Hamuru 12 eşit parçaya bölün ve her parçayı 15 cm (6 inç) uzunluğunda bir ekmek çubuğuna yuvarlayın.
e) Ekmek çubuklarını hazırlanan fırın tepsisine yerleştirin ve 15-18 dakika veya altın kahverengi olana kadar pişirin.
f) Servis yapmadan önce ekmek çubuklarının hafifçe soğumasını bekleyin.

10.Soğan-Rezene Galeta

İÇİNDEKİLER:
- 2 1/4 bardak çok amaçlı un
- 2 çay kaşığı kabartma tozu
- 1 çay kaşığı tuz
- 1/2 su bardağı ince doğranmış soğan
- 1 yemek kaşığı rezene tohumu
- 1/4 bardak tuzsuz tereyağı, eritilmiş
- 3/4 su bardağı süt

TALİMATLAR:
a) Fırını önceden 375°F'ye (190°C) ısıtın. Bir fırın tepsisini parşömen kağıdıyla hizalayın.
b) Büyük bir kapta un, kabartma tozu ve tuzu birlikte çırpın.
c) İnce doğranmış soğanı ve rezene tohumlarını kuru malzemelere ekleyin ve iyice karıştırın.
ç) Ayrı bir kapta eritilmiş tereyağı ve sütü birleştirin. Islak malzemeleri kuru malzemelerin içine dökün ve hamur bir araya gelinceye kadar karıştırın.
d) Hamuru hafifçe unlanmış bir yüzeye alıp pürüzsüz hale gelinceye kadar birkaç kez yoğurun.
e) Hamuru 12 eşit parçaya bölün ve her parçayı 15 cm (6 inç) uzunluğunda bir ekmek çubuğuna yuvarlayın.
f) Ekmek çubuklarını hazırlanan fırın tepsisine yerleştirin ve 15-18 dakika veya altın kahverengi olana kadar pişirin.
g) Servis yapmadan önce ekmek çubuklarının hafifçe soğumasını bekleyin.

11. Biberli Galeta

İÇİNDEKİLER:
- 2 1/4 bardak çok amaçlı un
- 2 çay kaşığı kabartma tozu
- 1 çay kaşığı tuz
- 1 çay kaşığı kurutulmuş İtalyan baharatı
- 1/2 su bardağı ince kıyılmış biberiye
- 1/4 bardak tuzsuz tereyağı, eritilmiş
- 3/4 su bardağı süt

TALİMATLAR:
a) Fırını önceden 375°F'ye (190°C) ısıtın. Bir fırın tepsisini parşömen kağıdıyla hizalayın.
b) Büyük bir kapta un, kabartma tozu, tuz ve kurutulmuş İtalyan baharatını birlikte çırpın.
c) İnce doğranmış biberleri kuru malzemelere ekleyin ve iyice karıştırın.
ç) Ayrı bir kapta eritilmiş tereyağı ve sütü birleştirin. Islak malzemeleri kuru malzemelerin içine dökün ve hamur bir araya gelinceye kadar karıştırın.
d) Hamuru hafifçe unlanmış bir yüzeye alıp pürüzsüz hale gelinceye kadar birkaç kez yoğurun.
e) Hamuru 12 eşit parçaya bölün ve her parçayı 15 cm (6 inç) uzunluğunda bir ekmek çubuğuna yuvarlayın.
f) Ekmek çubuklarını hazırlanan fırın tepsisine yerleştirin ve 15-18 dakika veya altın kahverengi olana kadar pişirin.
g) Servis yapmadan önce ekmek çubuklarının hafifçe soğumasını bekleyin.

12.İncirli Prosciutto Sarılmış Galeta

İÇİNDEKİLER:
- 12 ekmek çubuğu (mağazadan satın alınmış veya ev yapımı)
- 6 dilim prosciutto, uzunlamasına ikiye kesilmiş
- 6 adet kuru incir, ikiye bölünmüş

TALİMATLAR:
a) Fırını önceden 375°F'ye (190°C) ısıtın. Bir fırın tepsisini parşömen kağıdıyla hizalayın.
b) Her bir ekmek çubuğunu yarım dilim prosciutto ile sarın.
c) Her bir ekmek çubuğunun üstüne yarıya bölünmüş kuru incir koyun ve prosciutto ile sabitleyin.
ç) Sarılı ekmek çubuklarını hazırlanan fırın tepsisine yerleştirin ve 10-12 dakika veya prosciutto çıtır çıtır olana kadar pişirin.
d) Servis yapmadan önce ekmek çubuklarının hafifçe soğumasını bekleyin.

13.Temel Zeytinyağlı Galeta

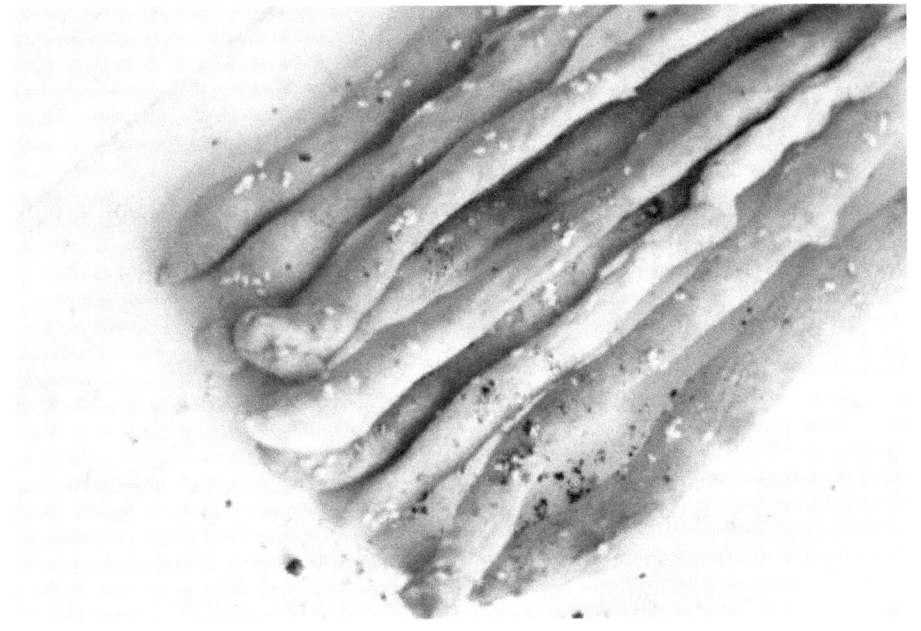

İÇİNDEKİLER:

- 2 fincan çok amaçlı un
- 1 çay kaşığı tuz
- 1 çay kaşığı şeker
- 1 yemek kaşığı aktif kuru maya
- 1/2 bardak ılık su
- 1/4 su bardağı zeytinyağı
- İsteğe bağlı malzemeler: kaba tuz, kurutulmuş otlar (biberiye veya kekik gibi)

TALİMATLAR:

a) Bir karıştırma kabında un, tuz ve şekeri birleştirin.
b) Ayrı bir küçük kapta mayayı ılık suda eritin ve köpürene kadar 5 dakika bekletin.
c) Un karışımına maya karışımını ve zeytinyağını ekleyin. Hamur bir araya gelinceye kadar karıştırın.
ç) Hamuru hafifçe unlanmış bir yüzeye aktarın ve pürüzsüz ve elastik hale gelinceye kadar yaklaşık 5 dakika yoğurun.
d) Hamuru yağlanmış bir kaseye koyun, temiz bir mutfak havlusuyla örtün ve ılık bir yerde yaklaşık 1 saat veya hacmi iki katına çıkana kadar mayalanmaya bırakın.
e) Fırını önceden 375°F'ye (190°C) ısıtın.
f) Hamuru yumruklayın ve eşit porsiyonlara bölün.
g) Her parçayı ince bir ekmek çubuğu şekline getirin.
ğ) Ekmek çubuklarını parşömen kağıdıyla kaplı bir fırın tepsisine yerleştirin.
h) İsteğe göre ekmek çubuklarını zeytinyağıyla fırçalayın ve üzerine kaba tuz veya kuru otlar serpin.
ı) 12-15 dakika veya altın rengi kahverengi olana kadar pişirin.
i) Servis yapmadan önce ekmek çubuklarının soğumasını bekleyin.

14.Karabiberli ve Kaşarlı Galeta

İÇİNDEKİLER:
- 2 1/4 bardak çok amaçlı un
- 2 çay kaşığı kabartma tozu
- 1 çay kaşığı tuz
- 1/2 çay kaşığı karabiber
- 1 su bardağı rendelenmiş kaşar peyniri
- 1/4 bardak tuzsuz tereyağı, eritilmiş
- 3/4 su bardağı süt

TALİMATLAR:
a) Fırını önceden 375°F'ye (190°C) ısıtın. Bir fırın tepsisini parşömen kağıdıyla hizalayın.
b) Büyük bir kapta un, kabartma tozu, tuz ve karabiberi birlikte çırpın.
c) Rendelenmiş kaşar peynirini kuru malzemelere ekleyip iyice karıştırın.
ç) Ayrı bir kapta eritilmiş tereyağı ve sütü birleştirin. Islak malzemeleri kuru malzemelerin içine dökün ve hamur bir araya gelinceye kadar karıştırın.
d) Hamuru hafifçe unlanmış bir yüzeye alıp pürüzsüz hale gelinceye kadar birkaç kez yoğurun.
e) Hamuru 12 eşit parçaya bölün ve her parçayı 15 cm (6 inç) uzunluğunda bir ekmek çubuğuna yuvarlayın.
f) Ekmek çubuklarını hazırlanan fırın tepsisine yerleştirin ve 15-18 dakika veya altın kahverengi olana kadar pişirin.
g) Servis yapmadan önce ekmek çubuklarının hafifçe soğumasını bekleyin.

15.Biber Pastırmalı Galeta

İÇİNDEKİLER:

2 1/4 bardak çok amaçlı un
2 çay kaşığı kabartma tozu
1 çay kaşığı tuz
1 yemek kaşığı biber tozu
1/2 su bardağı pişmiş ve ufalanmış pastırma
1/4 bardak tuzsuz tereyağı, eritilmiş
3/4 su bardağı süt

a) **TALİMATLAR:**
b) Fırını önceden 375°F'ye (190°C) ısıtın. Bir fırın tepsisini parşömen kağıdıyla hizalayın.
c) Büyük bir kapta un, kabartma tozu, tuz ve kırmızı biber tozunu birlikte çırpın.
ç) Pişmiş ve ufalanmış pastırmayı kuru malzemelere ekleyin ve iyice karıştırın.
d) Ayrı bir kapta eritilmiş tereyağı ve sütü birleştirin. Islak malzemeleri kuru malzemelerin içine dökün ve hamur bir araya gelinceye kadar karıştırın.
e) Hamuru hafifçe unlanmış bir yüzeye alıp pürüzsüz hale gelinceye kadar birkaç kez yoğurun.
f) Hamuru 12 eşit parçaya bölün ve her parçayı 15 cm (6 inç) uzunluğunda bir ekmek çubuğuna yuvarlayın.
g) Ekmek çubuklarını hazırlanan fırın tepsisine yerleştirin ve 15-18 dakika veya altın kahverengi olana kadar pişirin.
ğ) Servis yapmadan önce ekmek çubuklarının hafifçe soğumasını bekleyin.

16.Rezene ve İri Tuzlu Galeta

İÇİNDEKİLER:
- 2 1/4 bardak çok amaçlı un
- 2 çay kaşığı kabartma tozu
- 1 çay kaşığı tuz
- 1 yemek kaşığı rezene tohumu
- 2 yemek kaşığı kaba tuz
- 1/4 bardak tuzsuz tereyağı, eritilmiş
- 3/4 su bardağı süt

TALİMATLAR:
a) Fırını önceden 375°F'ye (190°C) ısıtın. Bir fırın tepsisini parşömen kağıdıyla hizalayın.
b) Büyük bir kapta un, kabartma tozu, tuz ve rezene tohumlarını birlikte çırpın.
c) Ayrı bir kapta eritilmiş tereyağı ve sütü birleştirin. Islak malzemeleri kuru malzemelerin içine dökün ve hamur bir araya gelinceye kadar karıştırın.
ç) Hamuru hafifçe unlanmış bir yüzeye alıp pürüzsüz hale gelinceye kadar birkaç kez yoğurun.
d) Hamuru 12 eşit parçaya bölün ve her parçayı 15 cm (6 inç) uzunluğunda bir ekmek çubuğuna yuvarlayın.
e) Ekmek çubuklarını hazırlanan fırın tepsisine yerleştirin. Kaba tuzu ekmek çubuklarının üzerine serpin.
f) 15-18 dakika veya altın rengi kahverengi olana kadar pişirin.
g) Servis yapmadan önce ekmek çubuklarının hafifçe soğumasını bekleyin.

17.Kraft Peynirli Galeta

İÇİNDEKİLER:

- 2 1/4 bardak çok amaçlı un
- 2 çay kaşığı kabartma tozu
- 1 çay kaşığı tuz
- 1 su bardağı Kraft rendelenmiş peynir (örneğin kaşar, mozzarella)
- 1/4 bardak tuzsuz tereyağı, eritilmiş
- 3/4 su bardağı süt

TALİMATLAR:

a) Fırını önceden 375°F'ye (190°C) ısıtın. Bir fırın tepsisini parşömen kağıdıyla hizalayın.
b) Büyük bir kapta un, kabartma tozu ve tuzu birlikte çırpın.
c) Rendelenmiş peyniri kuru malzemelere ekleyin ve iyice karıştırın.
ç) Ayrı bir kapta eritilmiş tereyağı ve sütü birleştirin. Islak malzemeleri kuru malzemelerin içine dökün ve hamur bir araya gelinceye kadar karıştırın.
d) Hamuru hafifçe unlanmış bir yüzeye alıp pürüzsüz hale gelinceye kadar birkaç kez yoğurun.
e) Hamuru 12 eşit parçaya bölün ve her parçayı 15 cm (6 inç) uzunluğunda bir ekmek çubuğuna yuvarlayın.
f) Ekmek çubuklarını hazırlanan fırın tepsisine yerleştirin ve 15-18 dakika veya altın kahverengi olana kadar pişirin.
g) Servis yapmadan önce ekmek çubuklarının hafifçe soğumasını bekleyin.

18.Cevizli Galeta

İÇİNDEKİLER:

- 2 1/4 bardak çok amaçlı un
- 2 çay kaşığı kabartma tozu
- 1 çay kaşığı tuz
- 1/2 su bardağı kıyılmış fındık (örneğin ceviz, badem)
- 1/4 bardak tuzsuz tereyağı, eritilmiş
- 3/4 su bardağı süt

TALİMATLAR:

a) Fırını önceden 375°F'ye (190°C) ısıtın. Bir fırın tepsisini parşömen kağıdıyla hizalayın.
b) Büyük bir kapta un, kabartma tozu ve tuzu birlikte çırpın.
c) Kıyılmış fındıkları kuru malzemelere ekleyin ve iyice karıştırın.
ç) Ayrı bir kapta eritilmiş tereyağı ve sütü birleştirin. Islak malzemeleri kuru malzemelerin içine dökün ve hamur bir araya gelinceye kadar karıştırın.
d) Hamuru hafifçe unlanmış bir yüzeye alıp pürüzsüz hale gelinceye kadar birkaç kez yoğurun.
e) Hamuru 12 eşit parçaya bölün ve her parçayı 15 cm (6 inç) uzunluğunda bir ekmek çubuğuna yuvarlayın.
f) Ekmek çubuklarını hazırlanan fırın tepsisine yerleştirin ve 15-18 dakika veya altın kahverengi olana kadar pişirin.
g) Servis yapmadan önce ekmek çubuklarının hafifçe soğumasını bekleyin.

19. Olive Garden Galeta

İÇİNDEKİLER:

- 2 1/4 bardak çok amaçlı un
- 2 çay kaşığı kabartma tozu
- 1 çay kaşığı tuz
- 1 çay kaşığı sarımsak tozu
- 1 çay kaşığı kurutulmuş kekik
- 1/4 bardak tuzsuz tereyağı, eritilmiş
- 3/4 su bardağı süt

TALİMATLAR:

a) Fırını önceden 375°F'ye (190°C) ısıtın. Bir fırın tepsisini parşömen kağıdıyla hizalayın.
b) Büyük bir kapta un, kabartma tozu, tuz, sarımsak tozu ve kurutulmuş kekiği birlikte çırpın.
c) Ayrı bir kapta eritilmiş tereyağı ve sütü birleştirin. Islak malzemeleri kuru malzemelerin içine dökün ve hamur bir araya gelinceye kadar karıştırın.
ç) Hamuru hafifçe unlanmış bir yüzeye alıp pürüzsüz hale gelinceye kadar birkaç kez yoğurun.
d) Hamuru 12 eşit parçaya bölün ve her parçayı 15 cm (6 inç) uzunluğunda bir ekmek çubuğuna yuvarlayın.
e) Ekmek çubuklarını hazırlanan fırın tepsisine yerleştirin ve 15-18 dakika veya altın kahverengi olana kadar pişirin.
f) Servis yapmadan önce ekmek çubuklarının hafifçe soğumasını bekleyin.

DOLGULU GAZETE ÇUBUKLARI

20.Bize biraz ekmek çubukları

İÇİNDEKİLER:

- 2 adet ekmek hamuru somunu
- 1 Büyük yumurta beyazı
- ¼ bardak rendelenmiş parmesan peyniri
- 1 çay kaşığı Kurutulmuş tarhun yaprağı
- 1 çay kaşığı Kurutulmuş dereotu otu

TALİMATLAR:

a) Somunları unlanmış bir tahtaya yerleştirin ve her bir somunu 5x10 inçlik bir dikdörtgene yerleştirin. Plastik ambalajla hafifçe örtün ve 45 dakika ila 1 saat arasında kabarık olana kadar mayalanmaya bırakın.

b) Her bir somunu çapraz olarak 9 eşit parçaya kesin.

c) Her parçanın uçlarını toplayın ve 12x15 inçlik yağlanmış bir fırın tepsisinin uzunluğuna kadar uzatın ve tavaya koyun; hamur geri çekilirse birkaç dakika dinlendirin, sonra tekrar uzatın.

ç) Her bir çubuğu yaklaşık 1½ "aralıklı olarak yapmak için tekrarlayın.

d) 45 'açıda makasla, her çubuğun 1 ucunun yaklaşık 4" boyunca yaklaşık ½" aralıklı kesimler yapmak için hamuru kesin.

21. Peynir Dolgulu Galeta

İÇİNDEKİLER:

- 1 kiloluk pizza hamuru
- 1 su bardağı rendelenmiş mozarella peyniri
- 1/4 su bardağı rendelenmiş parmesan peyniri
- 2 yemek kaşığı eritilmiş tereyağı
- 1 çay kaşığı sarımsak tozu
- Daldırma için Marinara sosu

TALİMATLAR:

a) Fırınınızı önceden 375°F (190°C) ısıtın.
b) Pizza hamurunu yaklaşık 1/4 inç kalınlığında bir dikdörtgen şeklinde açın.
c) Rendelenmiş mozzarella ve rendelenmiş Parmesan peynirini hamurun üzerine eşit şekilde serpin.
ç) Hamuru dikkatlice bir kütüğe yuvarlayın ve kenarlarını kapatın.
d) Kütüğü 1 inçlik dilimler halinde kesin ve bunları parşömen kağıdıyla kaplı bir fırın tepsisine yerleştirin.
e) Küçük bir kapta eritilmiş tereyağı ve sarımsak tozunu karıştırın. Bu karışımı ekmek çubuklarının üst kısımlarına fırçalayın.
f) Önceden ısıtılmış fırında 15-20 dakika veya altın rengi kahverengi olana kadar pişirin.
g) Daldırma için marinara sosuyla sıcak olarak servis yapın.

22. Jalapeno Galeta

İÇİNDEKİLER:
- 2 1/4 bardak çok amaçlı un
- 2 çay kaşığı kabartma tozu
- 1 çay kaşığı tuz
- 2 jalapeno biber, çekirdekleri çıkarılmış ve ince doğranmış
- 1/4 bardak tuzsuz tereyağı, eritilmiş
- 3/4 su bardağı süt

TALİMATLAR:
a) Fırını önceden 375°F'ye (190°C) ısıtın. Bir fırın tepsisini parşömen kağıdıyla hizalayın.
b) Büyük bir kapta un, kabartma tozu, tuz ve doğranmış jalapeno biberlerini birlikte çırpın.
c) Ayrı bir kapta eritilmiş tereyağı ve sütü birleştirin. Islak malzemeleri kuru malzemelerin içine dökün ve hamur bir araya gelinceye kadar karıştırın.
ç) Hamuru hafifçe unlanmış bir yüzeye alıp pürüzsüz hale gelinceye kadar birkaç kez yoğurun.
d) Hamuru 12 eşit parçaya bölün ve her parçayı 15 cm (6 inç) uzunluğunda bir ekmek çubuğuna yuvarlayın.
e) Ekmek çubuklarını hazırlanan fırın tepsisine yerleştirin ve 15-18 dakika veya altın kahverengi olana kadar pişirin.
f) Servis yapmadan önce ekmek çubuklarının hafifçe soğumasını bekleyin.

23. Pepperoni Dolması Galeta Çubukları

İÇİNDEKİLER:

- 1 kiloluk pizza hamuru
- 1 su bardağı rendelenmiş mozarella peyniri
- 1/4 su bardağı doğranmış biber
- 2 yemek kaşığı eritilmiş tereyağı
- 1 çay kaşığı İtalyan baharatı
- Daldırma için Marinara sosu

TALİMATLAR:

a) Fırınınızı önceden 375°F (190°C) ısıtın.
b) Pizza hamurunu yaklaşık 1/4 inç kalınlığında bir dikdörtgen şeklinde açın.
c) Rendelenmiş mozzarella peynirini hamurun üzerine eşit şekilde serpin.
ç) Kıyılmış biberleri peynirin üzerine dağıtın.
d) Hamuru dikkatlice bir kütüğe yuvarlayın ve kenarlarını kapatın.
e) Kütüğü 1 inçlik dilimler halinde kesin ve bunları parşömen kağıdıyla kaplı bir fırın tepsisine yerleştirin.
f) Küçük bir kapta eritilmiş tereyağını ve İtalyan baharatını karıştırın. Bu karışımı ekmek çubuklarının üst kısımlarına fırçalayın.
g) Önceden ısıtılmış fırında 15-20 dakika veya altın rengi kahverengi olana kadar pişirin.
ğ) Daldırma için marinara sosuyla sıcak olarak servis yapın.

24.Ispanaklı ve Beyaz Peynir Dolması

İÇİNDEKİLER:

- 1 kiloluk pizza hamuru
- 1 su bardağı doğranmış taze ıspanak
- 1/2 su bardağı ufalanmış beyaz peynir
- 2 yemek kaşığı eritilmiş tereyağı
- 1 çay kaşığı sarımsak tozu
- Daldırma için Marinara sosu

TALİMATLAR:

a) Fırınınızı önceden 375°F (190°C) ısıtın.
b) Pizza hamurunu yaklaşık 1/4 inç kalınlığında bir dikdörtgen şeklinde açın.
c) Kıyılmış ıspanakları hamurun üzerine eşit şekilde dağıtın.
ç) Ufalanmış beyaz peyniri ıspanağın üzerine serpin.
d) Hamuru dikkatlice bir kütüğe yuvarlayın ve kenarlarını kapatın.
e) Kütüğü 1 inçlik dilimler halinde kesin ve bunları parşömen kağıdıyla kaplı bir fırın tepsisine yerleştirin.
f) Küçük bir kapta eritilmiş tereyağı ve sarımsak tozunu karıştırın. Bu karışımı ekmek çubuklarının üst kısımlarına fırçalayın.
g) Önceden ısıtılmış fırında 15-20 dakika veya altın rengi kahverengi olana kadar pişirin.
ğ) Daldırma için marinara sosuyla sıcak olarak servis yapın.

25. Pastırma ve Cheddar Dolması Galeta Çubukları

İÇİNDEKİLER:
- 1 kiloluk pizza hamuru
- 1 su bardağı rendelenmiş kaşar peyniri
- 1/4 bardak pişmiş ve ufalanmış pastırma
- 2 yemek kaşığı eritilmiş tereyağı
- 1 çay kaşığı soğan tozu
- Daldırma için çiftlik sosu

TALİMATLAR:
a) Fırınınızı önceden 375°F (190°C) ısıtın.
b) Pizza hamurunu yaklaşık 1/4 inç kalınlığında bir dikdörtgen şeklinde açın.
c) Rendelenmiş kaşar peynirini hamurun üzerine eşit şekilde serpin.
ç) Pişmiş ve ufalanmış pastırmayı peynirin üzerine dağıtın.
d) Hamuru dikkatlice bir kütüğe yuvarlayın ve kenarlarını kapatın.
e) Kütüğü 1 inçlik dilimler halinde kesin ve bunları parşömen kağıdıyla kaplı bir fırın tepsisine yerleştirin.
f) Küçük bir kapta eritilmiş tereyağı ve soğan tozunu karıştırın. Bu karışımı ekmek çubuklarının üst kısımlarına fırçalayın.
g) Önceden ısıtılmış fırında 15-20 dakika veya altın rengi kahverengi olana kadar pişirin.
ğ) Daldırma için çiftlik sosuyla sıcak servis yapın.

GRISSINI

26.Klasik Grisini

İÇİNDEKİLER:

- 2 su bardağı ekmek unu
- 1 çay kaşığı tuz
- 1 çay kaşığı şeker
- 1 yemek kaşığı zeytinyağı
- ¾ bardak ılık su
- İsteğe bağlı: serpmek için susam veya haşhaş tohumu

TALİMATLAR:

a) Bir karıştırma kabında ekmek ununu, tuzu ve şekeri birleştirin. Malzemelerin eşit şekilde dağılması için iyice karıştırın.

b) Kuru malzemelerin ortasını havuz gibi açıp zeytinyağını ve ılık suyu ekleyin.

c) Karışımı bir tahta kaşıkla veya elinizle bir araya gelinceye kadar hamur haline gelinceye kadar karıştırın.

ç) Hamuru unlu bir yüzeye aktarın ve pürüzsüz ve elastik hale gelinceye kadar yaklaşık 5-7 dakika yoğurun.

d) Hamuru daha küçük porsiyonlara bölün. Her seferinde bir parça alın ve çapı yaklaşık ¼ inç olan ince ip benzeri bir şekle getirin.

e) Açılan hamuru 8-10 inç uzunluğunda çubuklar halinde kesin. Tercihinize göre daha kısa veya daha uzun yapabilirsiniz.

f) Grissini çubuklarını parşömen kağıdıyla kaplı bir fırın tepsisine yerleştirin. Genişlemelerine izin vermek için çubuklar arasında biraz boşluk bırakın.

g) İstenirse, grissini çubuklarını zeytinyağıyla fırçalayabilir ve daha fazla lezzet ve doku için üzerine susam veya haşhaş tohumu serpebilirsiniz.

ğ) Fırınınızı 200°C'ye (400°F) önceden ısıtın.

h) Grissini çubuklarını 15-20 dakika kadar dinlendirip kabarmaya bırakın.

ı) Grisini önceden ısıtılmış fırında yaklaşık 15-20 dakika veya altın rengi kahverengi ve gevrek oluncaya kadar pişirin.

i) Piştikten sonra grisini fırından çıkarın ve tel ızgara üzerinde soğumaya bırakın.

27. Sarımsak Otu Grissini

İÇİNDEKİLER:

- 1 Somun Fransız ekmeği, (8 ons)
- 1 yemek kaşığı Zeytinyağı
- 1 diş sarımsak, yarıya bölünmüş
- ¾ çay kaşığı Kurutulmuş kekik
- ¾ çay kaşığı Kurutulmuş fesleğen
- ⅛ çay kaşığı Tuz

TALİMATLAR:

a) Ekmeği çapraz olarak ikiye bölün ve her parçayı yatay olarak ikiye bölün.

b) Yağı ekmeğin kesilmiş kenarlarına eşit şekilde fırçalayın; sarımsakla ovalayın. Ekmeğin üzerine kekik, fesleğen ve tuz serpin. Her ekmek parçasını uzunlamasına 3 çubuğa kesin.

c) Ekmek çubuklarını bir fırın tepsisine yerleştirin; 300 derecede 25 dakika veya gevrekleşene kadar pişirin.

28.Biberiye ve Parmesan Grisini

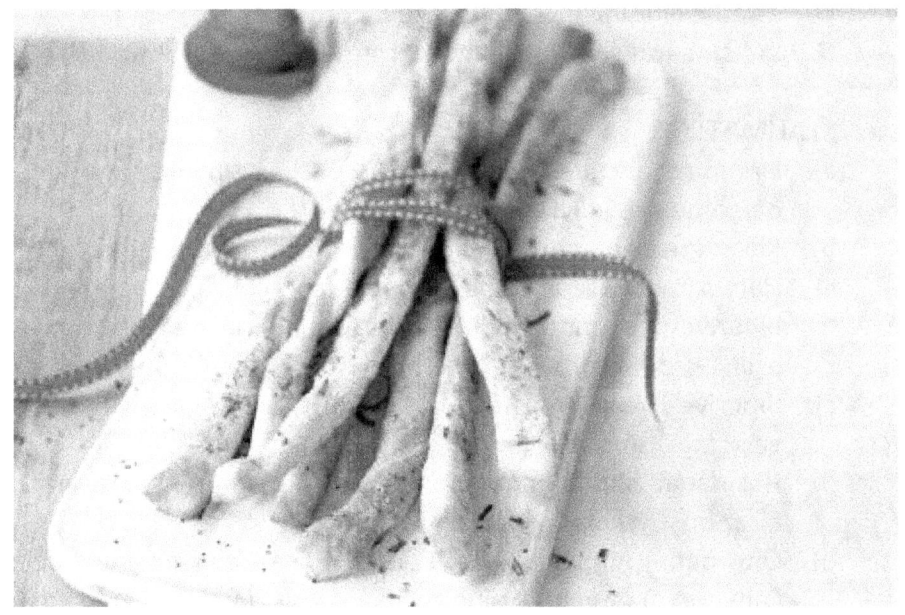

İÇİNDEKİLER:
- Klasik grissini hamuru (yukarıdaki tarife bakın)
- 2 yemek kaşığı doğranmış taze biberiye
- 1/4 su bardağı rendelenmiş parmesan peyniri

TALİMATLAR:
a) Fırınınızı önceden 375°F'ye (190°C) ısıtın ve fırın tepsisini parşömen kağıdıyla kaplayın.
b) Klasik grisini hamurunu seçtiğiniz tarife göre hazırlayın.
c) Hamuru çubuklar halinde açtıktan sonra, doğranmış taze biberiyeyi ve rendelenmiş Parmesan peynirini her çubuğun üzerine eşit şekilde serpin.
ç) Biberiye ve Parmesan'ı hamurun içine yavaşça bastırarak yapışmalarını sağlayın.
d) Hazırlanan hamur çubuklarını hazırlanan fırın tepsisine, aralarında biraz boşluk kalacak şekilde yerleştirin.
e) Önceden ısıtılmış fırında 12-15 dakika veya grisini altın rengi kahverengi ve gevrek oluncaya kadar pişirin.
f) Pişirildikten sonra Biberiye ve Parmesan Grissini'yi fırından çıkarın ve fırın tepsisinde hafifçe soğumasını bekleyin.
g) Grisini lezzetli bir meze veya atıştırmalık olarak tek başına veya en sevdiğiniz meze veya soslarla birlikte servis edin.

29.Susam Tohumu Grissini

İÇİNDEKİLER:
- Klasik grissini hamuru (yukarıdaki tarife bakınız)
- 1/4 su bardağı susam

TALİMATLAR:
a) Fırınınızı önceden 375°F'ye (190°C) ısıtın ve fırın tepsisini parşömen kağıdıyla kaplayın.
b) Klasik grisini hamurunu seçtiğiniz tarife göre hazırlayın.
c) Hamuru çubuklar halinde açtıktan sonra susam tohumlarını düz bir tabağa veya yüzeye yayın.
ç) Her bir hamur çubuğunu susam tohumlarında yuvarlayın ve eşit şekilde kaplandıklarından emin olun.
d) Susamla kaplanmış hamur çubuklarını hazırlanan fırın tepsisine aralarında biraz boşluk kalacak şekilde yerleştirin.
e) Önceden ısıtılmış fırında 12-15 dakika veya grisini altın rengi kahverengi ve gevrek oluncaya kadar pişirin.
f) Piştikten sonra grisini fırından çıkarın ve fırın tepsisinde hafifçe soğumasını bekleyin.
g) Susam Tohumu Grissini'yi lezzetli bir atıştırmalık olarak veya en sevdiğiniz meze veya sosların yanında servis edin.

TUZLU KRAKER

30.Alsas simit

İÇİNDEKİLER:
- 4 su bardağı çok amaçlı un
- 2 çay kaşığı tuz
- 2 çay kaşığı şeker
- 2 ¼ çay kaşığı aktif kuru maya
- 1 bardak ılık su
- 4 yemek kaşığı tuzsuz tereyağı, yumuşatılmış
- Üzeri için iri tuz

ALKALİ ÇÖZELTİ İÇİN (İSTEĞE BAĞLI):
- 4 bardak su
- 2 yemek kaşığı karbonat

TALİMATLAR:
a) Büyük bir karıştırma kabında un, tuz ve şekeri birleştirin. Malzemelerin eşit şekilde dağılması için iyice karıştırın.
b) Küçük bir kapta mayayı ılık suda eritin. Köpük haline gelinceye kadar yaklaşık 5 dakika bekletin.
c) Maya karışımını kuru malzemelerin olduğu kaseye dökün. Yumuşatılmış tereyağını da ekleyin. Karışımı tahta kaşıkla ya da elinizle hamur kıvamına gelinceye kadar karıştırın.
ç) Hamuru hafifçe unlanmış bir yüzeye aktarın ve pürüzsüz ve elastik hale gelinceye kadar yaklaşık 8-10 dakika yoğurun.
d) Hamuru hafifçe yağlanmış bir kaseye koyun ve üzerini temiz bir mutfak havlusu veya streç filmle örtün. Sıcak, hava akımı olmayan bir alanda yaklaşık 1 ila 1 ½ saat veya boyutu iki katına çıkana kadar yükselmesine izin verin.
e) Fırınınızı önceden 230°C'ye (450°F) ısıtın ve fırın tepsisini parşömen kağıdıyla kaplayın.
f) Havayı serbest bırakmak için yükselen hamuru aşağı doğru bastırın. Hamuru eşit büyüklükte porsiyonlara bölün ve her porsiyonu yaklaşık 40-50 santimetre (16-20 inç) uzunluğunda uzun bir ip halinde yuvarlayın.
g) Krakerleri şekillendirmek için her bir ipi U şekline getirin. Uçları iki kez birbirinin üzerinden geçirin, ardından klasik çubuk kraker şeklini oluşturmak için uçları U şeklinin alt kıvrımına bastırın. Pretzelleri hazırlanan fırın tepsisine yerleştirin.

ğ) İstenirse, büyük bir tencerede suyu kaynatarak alkali çözeltiyi hazırlayın. Kaynayan suya kabartma tozu ekleyin. Her bir tuzlu kraker, yaklaşık 10 saniye boyunca kaynayan alkalin solüsyona dikkatlice batırın , ardından fırın tepsisine geri koyun. Bu adım, simitlere karakteristik koyu ve parlak kabuğunu verir. Alternatif olarak daha açık renkli bir kabuk için bu adımı atlayabilirsiniz.

h) Krakerlerin üzerine cömertçe kaba tuz serpin.

ı) Bretzel d'Alsace'yi önceden ısıtılmış fırında yaklaşık 12-15 dakika veya altın kahverengiye dönene kadar pişirin.

i) Simitleri fırından çıkarın ve servis etmeden önce tel ızgara üzerinde soğumasını bekleyin.

31. Çıtır Kraker Damlaları

İÇİNDEKİLER:

- 2 bardak çubuk kraker bükümleri, hafifçe ezilmiş
- 1 su bardağı tuzsuz fıstık veya karışık kuruyemiş
- 1 su bardağı mini kraker
- 1 su bardağı mısır gevreği kareleri
- 1/4 bardak tuzsuz tereyağı, eritilmiş
- 1 yemek kaşığı Worcestershire sosu
- 1 çay kaşığı sarımsak tozu
- 1 çay kaşığı soğan tozu
- 1/2 çay kaşığı kırmızı biber
- 1/4 çay kaşığı acı biber (isteğe bağlı)

TALİMATLAR:

a) Fırını önceden 250°F'ye (120°C) ısıtın. Bir fırın tepsisini parşömen kağıdıyla hizalayın.
b) Büyük bir kapta çubuk kraker kıvrımlarını, fıstıkları, mini tuzlu krakerleri ve mısır gevreği karelerini birleştirin.
c) Ayrı küçük bir kapta eritilmiş tereyağını, Worcestershire sosunu, sarımsak tozunu, soğan tozunu, kırmızı biberi ve kırmızı biberi (kullanılıyorsa) birlikte çırpın.
ç) Tereyağı karışımını çubuk kraker karışımının üzerine dökün ve eşit şekilde kaplayacak şekilde fırlatın.
d) Kaplanmış kraker karışımını hazırlanan fırın tepsisine eşit bir tabaka halinde yayın.
e) Önceden ısıtılmış fırında, krakerler gevrek ve altın rengi kahverengi olana kadar, her 15 dakikada bir karıştırarak, yaklaşık 1 saat pişirin.
f) Fırından çıkarın ve servis yapmadan önce tamamen soğumalarını bekleyin.

32.Körili Krakerler

İÇİNDEKİLER:
- 2 bardak çubuk kraker bükümleri
- 2 yemek kaşığı tuzsuz tereyağı, eritilmiş
- 1 yemek kaşığı köri tozu
- 1/2 çay kaşığı sarımsak tozu
- 1/2 çay kaşığı soğan tozu
- 1/4 çay kaşığı acı biber (isteğe bağlı)
- Tatmak için tuz

TALİMATLAR:
a) Fırını önceden 325°F'ye (160°C) ısıtın. Bir fırın tepsisini parşömen kağıdıyla hizalayın.
b) Büyük bir kapta çubuk kraker kıvrımlarını, eritilmiş tereyağını, köri tozunu, sarımsak tozunu, soğan tozunu, kırmızı biberi (kullanılıyorsa) ve tuzu birleştirin. Krakerleri eşit şekilde kaplamak için atın.
c) Kaplanmış simitleri hazırlanan fırın tepsisine tek kat halinde yayın.
ç) Önceden ısıtılmış fırında, krakerler kızarıp kokusu çıkana kadar, bir veya iki kez karıştırarak yaklaşık 10-15 dakika pişirin.
d) Fırından çıkarın ve servis yapmadan önce tamamen soğumalarını bekleyin.

33.Tatlı Krakerler

İÇİNDEKİLER:

- Pretzel çubukları veya kıvrımları
- Eriyen çikolata veya şeker erir (sütlü, bitter veya beyaz çikolata)
- Çeşitli soslar (ör. serpme, ezilmiş fındık, kıyılmış hindistan cevizi)

TALİMATLAR:

a) Bir fırın tepsisini parşömen kağıdıyla hizalayın.
b) Çikolatayı veya şekeri paketin üzerindeki talimatlara göre eritin.
c) Her bir kraker erimiş çikolataya batırılır ve fazlalığın akması sağlanır.
ç) Çikolata hala ıslakken hemen seçtiğiniz malzemeleri serpin.
d) Süslenmiş simitleri hazırlanan fırın tepsisine yerleştirin.
e) Çikolatanın oda sıcaklığında soğumasını bekleyin veya daha hızlı donması için fırın tepsisini buzdolabına koyun.
f) Sertleştikten sonra buzdolabından çıkarın ve servis yapın.

34. Espresso Krakerleri

İÇİNDEKİLER:

- 2 fincan çok amaçlı un
- 1 yemek kaşığı hazır espresso tozu
- 1 çay kaşığı tuz
- 1 yemek kaşığı şeker
- 1 paket (2 ¼ çay kaşığı) aktif kuru maya
- 1 bardak ılık su
- Üzerine serpmek için kaba tuz
- 1 yumurta, dövülmüş

TALİMATLAR:

a) Büyük bir kapta un, espresso tozu, tuz ve şekeri birleştirin.
b) Ayrı bir küçük kapta mayayı ılık suda eritin ve köpürene kadar 5 dakika bekletin.
c) Maya karışımını kuru malzemelere dökün ve hamur oluşana kadar karıştırın.
ç) Hamuru unlu bir yüzeye çevirin ve pürüzsüz ve elastik hale gelinceye kadar yaklaşık 5 dakika yoğurun.
d) Hamuru yağlanmış bir kaseye koyun, temiz bir mutfak havlusuyla örtün ve ılık bir yerde yaklaşık 1 saat veya hacmi iki katına çıkana kadar mayalanmaya bırakın.
e) Fırınınızı önceden 220°C'ye (425°F) ısıtın ve fırın tepsisini parşömen kağıdıyla kaplayın.
f) Hamuru küçük parçalara bölüp her parçayı uzun ip şeklinde yuvarlayın. Hamuru çubuk kraker şekillerine çevirin.
g) Hazırladığınız krakerleri fırın tepsisine yerleştirin ve üzerlerine çırpılmış yumurta sürün. Üzerine kaba tuz serpin.
ğ) 12-15 dakika veya altın rengi kahverengi olana kadar pişirin. Servis yapmadan önce soğumalarına izin verin.

35.Pensilvanya Hollanda Krakerleri

İÇİNDEKİLER:

- 2 bardak ılık su
- 1 yemek kaşığı şeker
- 1 yemek kaşığı aktif kuru maya
- 4 ½ su bardağı çok amaçlı un
- 2 çay kaşığı tuz
- ¼ fincan kabartma tozu
- Üzerine serpmek için kaba tuz

TALİMATLAR:

a) Büyük bir kapta ılık su ve şekeri birleştirin. Mayayı suyun üzerine serpin ve 5 dakika veya köpürene kadar bekletin.
b) Kaseye un ve tuz ekleyin ve hamur oluşana kadar karıştırın.
c) Hamuru unlu bir yüzeye çevirin ve pürüzsüz ve elastik hale gelinceye kadar yaklaşık 5 dakika yoğurun.
ç) Hamuru yağlanmış bir kaseye koyun, temiz bir mutfak havlusuyla örtün ve ılık bir yerde yaklaşık 1 saat veya hacmi iki katına çıkana kadar mayalanmaya bırakın.
d) Fırınınızı önceden 230°C'ye (450°F) ısıtın ve fırın tepsisini parşömen kağıdıyla kaplayın.
e) Büyük bir tencerede suyu kaynatın ve kabartma tozunu ekleyin.
f) Hamuru küçük parçalara bölüp her parçayı uzun ip şeklinde yuvarlayın. Hamuru çubuk kraker şekillerine çevirin.
g) Her bir simit, karbonatlı kaynar suya yaklaşık 30 saniye batırılır ve hazırlanan fırın tepsisine yerleştirilir.
ğ) Krakerlerin üzerine kaba tuz serpin.
h) 10-12 dakika veya altın rengi kahverengi olana kadar pişirin. Servis yapmadan önce soğumalarına izin verin.

36.Biber Peynirli Simit

İÇİNDEKİLER:
- 2 fincan çok amaçlı un
- 1 yemek kaşığı şeker
- 1 ½ çay kaşığı kabartma tozu
- 1 çay kaşığı tuz
- 1 çay kaşığı karabiber
- 1 su bardağı rendelenmiş biber jack peyniri
- ½ bardak süt
- ¼ bardak tuzsuz tereyağı, eritilmiş
- Üzerine serpmek için kaba tuz

TALİMATLAR:
a) Fırınınızı önceden 220°C'ye (425°F) ısıtın ve fırın tepsisini parşömen kağıdıyla kaplayın.
b) Büyük bir kapta un, şeker, kabartma tozu, tuz, karabiber ve rendelenmiş peyniri birleştirin.
c) Ayrı bir küçük kapta süt ve eritilmiş tereyağını karıştırın.
ç) Süt ve tereyağı karışımını kuru malzemelere dökün ve hamur oluşana kadar karıştırın.
d) Hamuru unlu bir yüzeye alın ve pürüzsüz hale gelinceye kadar birkaç dakika yoğurun.
e) Hamuru küçük parçalara bölüp her parçayı uzun ip şeklinde yuvarlayın. Hamuru çubuk kraker şekillerine çevirin.
f) Pretzelleri hazırlanan fırın tepsisine yerleştirin ve üzerine kaba tuz serpin.
g) 12-15 dakika veya altın rengi kahverengi olana kadar pişirin. Servis yapmadan önce soğumalarına izin verin.

37.Nane Pretzel Bastonları

İÇİNDEKİLER:

- 12 çubuk kraker çubuğu
- 1 su bardağı beyaz çikolata parçacıkları
- ½ çay kaşığı nane özü
- Garnitür için ezilmiş baston şekerler

TALİMATLAR:

a) Bir fırın tepsisini parşömen kağıdıyla hizalayın.
b) Mikrodalgaya dayanıklı bir kapta, beyaz çikolata parçacıklarını 30 saniyelik aralıklarla, pürüzsüz ve eriyene kadar arada karıştırarak eritin.
c) Nane ekstraktını eritilmiş çikolatanın içine karıştırın.
ç) Her çubuk kraker çubuğunu eritilmiş çikolataya batırın ve yaklaşık ¾'ünü kaplayın.
d) Kaplanmış çubuk kraker çubuklarını hazırlanan fırın tepsisine yerleştirin ve ezilmiş şekerleri çikolata kaplamasının üzerine serpin.
e) Fırın tepsisini yaklaşık 15-20 dakika veya çikolata sertleşene kadar buzdolabına koyun.
f) Sertleştikten sonra çubuk krakerleri buzdolabından çıkarın ve servis yapın.

38.Philadelphia Yumuşak Kraker

İÇİNDEKİLER:

- 1 ½ su bardağı ılık su
- 1 yemek kaşığı şeker
- 2 çay kaşığı tuz
- 1 paket (2 ¼ çay kaşığı) aktif kuru maya
- 4 ½ su bardağı çok amaçlı un
- 4 yemek kaşığı tuzsuz tereyağı, eritilmiş
- Üzerine serpmek için kaba tuz

TALİMATLAR:

a) Büyük bir kapta ılık su, şeker ve tuzu birleştirin. Mayayı suyun üzerine serpin ve 5 dakika veya köpürene kadar bekletin.
b) Unu ve eritilmiş tereyağını kaseye ekleyin ve hamur oluşana kadar karıştırın.
c) Hamuru unlu bir yüzeye çevirin ve pürüzsüz ve elastik hale gelinceye kadar yaklaşık 5-7 dakika yoğurun.
ç) Hamuru yağlanmış bir kaseye koyun, temiz bir mutfak havlusuyla örtün ve ılık bir yerde yaklaşık 1 saat veya hacmi iki katına çıkana kadar mayalanmaya bırakın.
d) Fırınınızı önceden 220°C'ye (425°F) ısıtın ve fırın tepsisini parşömen kağıdıyla kaplayın.
e) Hamuru eşit büyüklükte parçalara bölüp her parçayı uzun ip şeklinde yuvarlayın. Hamura simit şekilleri verin.
f) Pretzelleri hazırlanan fırın tepsisine yerleştirin ve üzerine kaba tuz serpin.
g) 12-15 dakika veya altın rengi kahverengi olana kadar pişirin. Servis yapmadan önce soğumalarına izin verin.

39. Schokoladenpretzel (Çikolatalı Kraker)

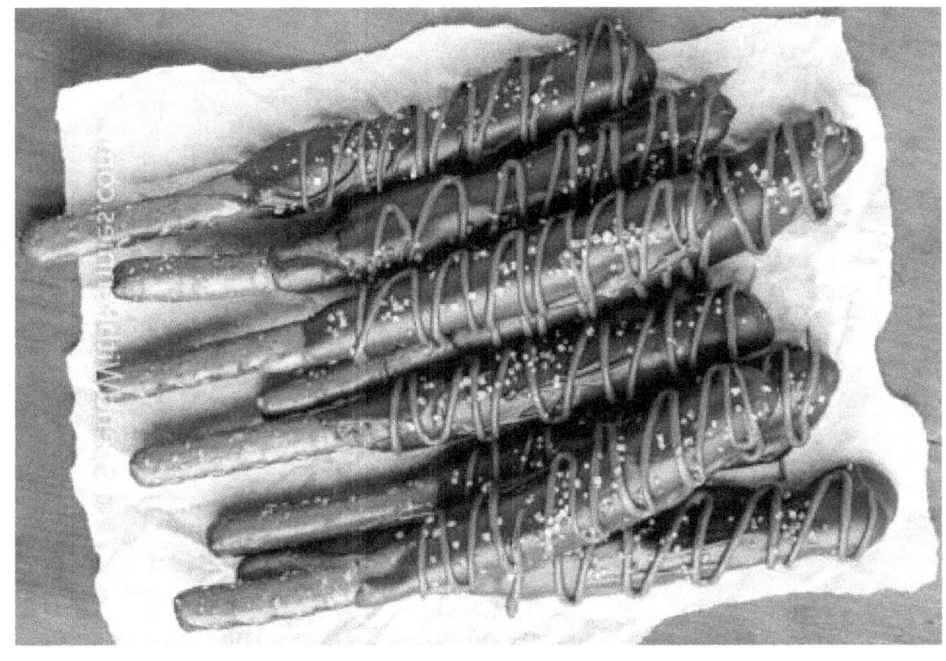

İÇİNDEKİLER:
- 12 çubuk kraker kıvrımı veya çubuğu
- 1 su bardağı yarı tatlı çikolata parçacıkları
- 1 yemek kaşığı bitkisel yağ
- Çeşitli soslar (serpin, ezilmiş fındık, kıyılmış hindistan cevizi vb.)

TALİMATLAR:
a) Bir fırın tepsisini parşömen kağıdıyla hizalayın.
b) Mikrodalgaya dayanıklı bir kapta çikolata parçacıklarını ve bitkisel yağı birleştirin. Çikolata tamamen eriyene ve pürüzsüz hale gelinceye kadar 30 saniyelik aralıklarla mikrodalgada karıştırın.
c) Her çubuk kraker bükümünü veya çubuğunu eritilmiş çikolataya batırın ve tamamen kaplayın.
ç) Fazla çikolatanın damlamasını bekleyin, ardından kaplanmış simitleri hazırlanan fırın tepsisine yerleştirin.
d) Çikolata hala ıslakken simitlerin üzerine dilediğiniz malzemeleri serpin.
e) İşlemi kalan simitlerle tekrarlayın.
f) Fırın tepsisini yaklaşık 20 dakika veya çikolata sertleşene kadar buzdolabına koyun.
g) Çikolatalı krakerler sertleştikten sonra buzdolabından çıkarın ve servis yapın.

40.Örümcek Krakerleri

İÇİNDEKİLER:

- 24 küçük çubuk kraker kıvrımı
- 1 su bardağı yarı tatlı çikolata parçacıkları
- 48 şeker göz
- 24 küçük yuvarlak şeker (M&M veya benzeri)

TALİMATLAR:

a) Bir fırın tepsisini parşömen kağıdıyla hizalayın.
b) Mikrodalgaya dayanıklı bir kapta, çikolata parçacıklarını 30 saniyelik aralıklarla, pürüzsüz ve eriyene kadar arada karıştırarak eritin.
c) Her bir çubuk kraker bükümünü erimiş çikolatanın yarısına kadar batırın ve uçlarını açık bıraktığınızdan emin olun.
ç) Çikolataya batırılmış krakerleri hazırlanan fırın tepsisine yerleştirin.
d) Her bir çubuk krakerin üstüne iki şeker gözü takın.
e) Örümceğin gövdesini oluşturmak için ortasına, gözlerin hemen altına küçük yuvarlak bir şeker yerleştirin.
f) İşlemi kalan simitlerle tekrarlayın.
g) Fırın tepsisini yaklaşık 20 dakika veya çikolata sertleşene kadar buzdolabına koyun.
ğ) Sertleştikten sonra örümcek simitlerini buzdolabından çıkarın ve servis yapın.

41.Karabuğdaylı simit

İÇİNDEKİLER:

- 2 su bardağı karabuğday unu
- 1 fincan çok amaçlı un
- 2 çay kaşığı tuz
- 1 çay kaşığı şeker
- 1 ¼ su bardağı ılık su
- 2 ¼ çay kaşığı anlık maya
- Üzerine serpmek için kaba tuz

TALİMATLAR:

a) Bir karıştırma kabında karabuğday unu, çok amaçlı un, tuz, şeker, maya ve ılık suyu birleştirin. Bir hamur oluşana kadar karıştırın.

b) Hamuru hafifçe unlanmış bir yüzeyde pürüzsüz ve elastik hale gelinceye kadar yaklaşık 5 dakika yoğurun.

c) Hamuru eşit büyüklükte parçalara bölüp her parçayı uzun bir ip şeklinde yuvarlayın.

ç) Halatların uçlarını birbirinin üzerinden geçirip alttaki kıvrıma bastırarak çubuk kraker haline getirin.

d) Fırını önceden 425°F'ye (220°C) ısıtın.

e) Krakerleri parşömen kağıdıyla kaplı bir fırın tepsisine yerleştirin.

f) Krakerlerin üzerine kaba tuz serpin.

g) Önceden ısıtılmış fırında yaklaşık 12-15 dakika veya altın rengi kahverengi olana kadar pişirin.

ğ) Fırından çıkarın ve servis yapmadan önce biraz soğumalarını bekleyin.

42.Karamelli Çikolata Kaplı Kraker

İÇİNDEKİLER:

- Çubuk Kraker
- 1 bardak karamel (ambalajsız)
- 1 su bardağı damla çikolata
- Çeşitli soslar (ör. serpme, ezilmiş fındık)

TALİMATLAR:

a) Bir fırın tepsisini parşömen kağıdıyla hizalayın.
b) Karamelleri mikrodalgaya dayanıklı bir kapta paketin üzerindeki talimatlara göre eritin.
c) Her çubuk kraker çubuğunu erimiş karamelin içine batırın ve fazlalığın damlamasını sağlayın. Karamel kaplı krakerleri hazırlanan fırın tepsisine yerleştirin.
ç) Karamelin katılaşması için fırın tepsisini yaklaşık 15 dakika buzdolabına koyun.
d) Mikrodalgaya dayanıklı başka bir kapta, çikolata parçacıklarını mikrodalgada eritin ve pürüzsüz hale gelinceye kadar her 30 saniyede bir karıştırın.
e) Her karamel kaplı çubuk kraker çubuğunu eritilmiş çikolataya batırın ve fazlalığın damlamasını sağlayın.
f) Çikolata hala ıslakken hemen seçtiğiniz malzemeleri serpin.
g) Çikolataya batırılmış krakerleri tekrar fırın tepsisine yerleştirin ve çikolata donuncaya kadar buzdolabında saklayın.
ğ) Sertleştikten sonra buzdolabından çıkarın ve servis yapın.

43.Çikolatalı Bademli Kraker

İÇİNDEKİLER:

- Çubuk Kraker
- 1 su bardağı damla çikolata
- ½ su bardağı kıyılmış badem

TALİMATLAR:

a) Bir fırın tepsisini parşömen kağıdıyla hizalayın.
b) Çikolata parçacıklarını mikrodalgaya dayanıklı bir kapta, pürüzsüz hale gelinceye kadar her 30 saniyede bir karıştırarak eritin.
c) Her çubuk kraker çubuğunu eritilmiş çikolataya batırın ve fazlalığın damlamasını sağlayın.
ç) Çikolataya batırılmış krakerleri hemen kıyılmış bademlere yuvarlayın ve yapışması için hafifçe bastırın.
d) Çikolatalı bademli krakerleri hazırlanan fırın tepsisine yerleştirin.
e) Çikolatanın oda sıcaklığında soğumasını bekleyin veya daha hızlı donması için fırın tepsisini buzdolabına koyun.
f) Sertleştikten sonra buzdolabından çıkarın ve servis yapın.

44.Çikolatalı kraker kurabiyeleri

İÇİNDEKİLER:
- 1 bardak tereyağı, yumuşatılmış
- 1 su bardağı toz şeker
- 1 su bardağı esmer şeker
- 2 büyük yumurta
- 2 çay kaşığı vanilya özü
- 2 ½ su bardağı çok amaçlı un
- ½ bardak şekersiz kakao tozu
- 1 çay kaşığı karbonat
- ½ çay kaşığı tuz
- 2 su bardağı doğranmış kraker
- 1 su bardağı damla çikolata

TALİMATLAR:
a) Fırını önceden 350°F'ye (175°C) ısıtın. Fırın tepsilerini parşömen kağıdıyla hizalayın.
b) Büyük bir karıştırma kabında tereyağını, toz şekeri ve esmer şekeri hafif ve kabarık olana kadar krema haline getirin.
c) Yumurtaları teker teker ekleyin ve her eklemeden sonra iyice çırpın. Vanilya ekstraktını karıştırın.
ç) Ayrı bir kapta un, kakao tozu, kabartma tozu ve tuzu birlikte çırpın.
d) Kuru malzemeleri yavaş yavaş tereyağı karışımına ekleyin ve iyice birleşene kadar karıştırın.
e) Kıyılmış krakerleri ve çikolata parçacıklarını ekleyin.
f) Hazırlanan fırın tepsilerine, yaklaşık 2 inç aralıklarla yuvarlak yemek kaşığı hamur bırakın.
g) Önceden ısıtılmış fırında 10-12 dakika veya kenarları sertleşinceye kadar pişirin.
ğ) Fırından çıkarın ve kurabiyeleri fırın tepsisinde birkaç dakika soğumaya bırakın, ardından tamamen soğuması için tel rafa aktarın.

45. Çikolataya Daldırılmış Krakerler

İÇİNDEKİLER:
- Pretzel kıvrımları veya çubukları
- 1 su bardağı damla çikolata (sütlü, bitter veya beyaz çikolata)
- Çeşitli soslar (ör. serpme, ezilmiş fındık, kıyılmış hindistan cevizi)

TALİMATLAR:
a) Bir fırın tepsisini parşömen kağıdıyla hizalayın.
b) Çikolata parçacıklarını mikrodalgaya dayanıklı bir kapta, pürüzsüz hale gelinceye kadar her 30 saniyede bir karıştırarak eritin.
c) Her bir kraker erimiş çikolataya batırılır ve fazlalığın akması sağlanır.
ç) Çikolataya batırılmış krakerleri hazırlanan fırın tepsisine yerleştirin.
d) Çikolata hala ıslakken hemen seçtiğiniz malzemeleri serpin.
e) Çikolatanın donmasını sağlamak için fırın tepsisini yaklaşık 15-20 dakika buzdolabına koyun.
f) Çikolata donduktan sonra buzdolabından çıkarıp servis yapın.

46. Sarımsak Otlu Simit

İÇİNDEKİLER:

- 2 ¼ bardak çok amaçlı un
- 1 çay kaşığı tuz
- 1 yemek kaşığı şeker
- 2 ¼ çay kaşığı anlık maya
- 1 bardak ılık su
- 2 yemek kaşığı karbonat
- 1/4 bardak tuzsuz tereyağı, eritilmiş
- 2 diş sarımsak, kıyılmış
- 1 yemek kaşığı ince doğranmış taze otlar (örneğin maydanoz, kekik, biberiye)

TALİMATLAR:

a) Büyük bir karıştırma kabında çok amaçlı un, tuz, şeker ve hazır mayayı birleştirin. İyice karıştırın.
b) Kuru malzemelere ılık su ekleyin ve hamur oluşana kadar karıştırın.
c) Hamuru unlanmış bir yüzeye aktarın ve pürüzsüz ve elastik hale gelinceye kadar yaklaşık 5 dakika yoğurun. Bu adım için hamur kancası ataşmanına sahip bir stand mikseri de kullanabilirsiniz.
ç) Hamuru yağlanmış bir kaba alıp üzerini temiz bir mutfak havlusu ile örtün. Yaklaşık 1 saat veya boyutu iki katına çıkana kadar ılık bir yerde mayalanmaya bırakın.
d) Fırınınızı önceden 220°C'ye (425°F) ısıtın ve fırın tepsisini parşömen kağıdıyla kaplayın.
e) Sığ bir tabakta kabartma tozu ve ılık suyu birleştirerek bir çözelti elde edin.
f) Hamur mayalandıktan sonra havasını boşaltmak için hamuru bastırın. 12 eşit parçaya bölün.
g) Hamurun bir kısmını alın ve yaklaşık 50 cm (20 inç) uzunluğunda uzun bir ip halinde yuvarlayın.
ğ) Hamuru bir U şekli oluşturarak, uçları birbirinin üzerinden geçirerek ve ardından bunları döndürerek ve U şeklinin alt kısmına bastırarak çubuk kraker haline getirin.
h) Her bir krakerin her iki tarafının da kaplandığından emin olarak kabartma tozu çözeltisine batırın. Bu adım, simitlere karakteristik çiğneme dokusunu verir.

ı) Daldırılmış krakerleri hazırlanan fırın tepsisine yerleştirin.

i) Küçük bir kapta eritilmiş tereyağını, kıyılmış sarımsağı ve doğranmış taze otları karıştırın.

j) Tereyağı ve bitki karışımını her çubuk krakerin üzerine cömertçe fırçalayın ve tüm yüzeylerin kaplandığından emin olun.

k) Krakerleri önceden ısıtılmış fırında yaklaşık 12-15 dakika veya altın rengi kahverengi oluncaya kadar pişirin.

l) Simitleri fırından çıkarın ve servis yapmadan önce biraz soğumasını bekleyin.

47.Jalebiler

İÇİNDEKİLER:

- 1 fincan çok amaçlı un
- 1 yemek kaşığı irmik
- 1 çay kaşığı kabartma tozu
- 1/2 su bardağı sade yoğurt
- 1/2 bardak ılık su
- 1 çay kaşığı safran teli (isteğe bağlı)
- kızartmalık yağ
- Şurup için:
- 1 su bardağı şeker
- 1/2 su bardağı su
- 1/2 çay kaşığı kakule tozu
- Birkaç safran sapı (isteğe bağlı)

TALİMATLAR:

a) Bir karıştırma kabında çok amaçlı un, irmik ve kabartma tozunu birleştirin.
b) Ayrı bir küçük kapta safran ipliklerini ılık suda eritin.
c) Yoğurt ve safranlı suyu kuru malzemelere ekleyin ve iyice karıştırarak pürüzsüz bir hamur elde edin. Tutarlılık kalın fakat dökülebilir olmalıdır.
ç) Kaseyi temiz bir bezle örtün ve hamuru en az 30 dakika dinlendirin.
d) Bu arada bir tencerede şeker ve suyu karıştırarak şerbeti hazırlayın. Kaynatın ve şeker eriyene ve şurup hafifçe koyulaşana kadar yaklaşık 5 dakika pişirin. İstenirse kakule tozu ve safran şeritleri ekleyin. Ateşten alın ve soğumaya bırakın.
e) Kızartmak için derin bir tava veya tencerede yağı ısıtın.
f) Küçük yuvarlak uçlu sıkma torbasını hamurla doldurun.
g) Hamuru spiral veya çubuk kraker benzeri bir şekilde doğrudan sıcak yağın içine sıkın. Her iki tarafta altın kahverengi olana kadar kızartın.
ğ) Kızaran jalebileri yağdan çıkarıp doğrudan hazırlanan şerbete aktarın. Bir iki dakika kadar suda beklettikten sonra çıkarıp servis tabağına alın.
h) Jalebileri ılık veya oda sıcaklığında servis edin.

48. Kringler (Danimarka Krakeri Şekilli Ekmekler)

İÇİNDEKİLER:
- 2 1/4 bardak çok amaçlı un
- 2 yemek kaşığı toz şeker
- 1 çay kaşığı anlık maya
- 1/2 çay kaşığı tuz
- 1/2 su bardağı süt, ılık
- 2 yemek kaşığı tuzsuz tereyağı, eritilmiş
- 1 yumurta, dövülmüş
- Üzeri için:
- 1 yumurta, dövülmüş
- Serpmek için inci şekeri veya kaba şeker

TALİMATLAR:
a) Büyük bir karıştırma kabında un, şeker, hazır maya ve tuzu birleştirin.
b) Kuru malzemelere ılık süt, eritilmiş tereyağı ve çırpılmış yumurtayı ekleyin. Hamur bir araya gelinceye kadar karıştırın.
c) Hamuru hafifçe unlanmış bir yüzeye aktarın ve pürüzsüz ve elastik hale gelinceye kadar yaklaşık 5-7 dakika yoğurun.
ç) Hamuru tekrar kaseye koyun, üzerini temiz bir bezle örtün ve ılık bir yerde yaklaşık 1 saat veya hacmi iki katına çıkana kadar mayalanmaya bırakın.
d) Fırını önceden 375°F'ye (190°C) ısıtın. Bir fırın tepsisini parşömen kağıdıyla hizalayın.
e) Hamuru 6 eşit parçaya bölün. Her parçayı yaklaşık 20 inç uzunluğunda uzun bir ip halinde yuvarlayın.
f) Her ipi çubuk kraker benzeri bir düğüm haline getirin, uçları birbirinin üzerinden geçirin ve hamurun altına sokun.
g) Şekillendirilmiş kringler'leri hazırlanan fırın tepsisine yerleştirin. Üzerlerine çırpılmış yumurta sürün ve üzerine inci şekeri veya iri şeker serpin.
ğ) Önceden ısıtılmış fırında yaklaşık 12-15 dakika veya altın rengi kahverengi olana kadar pişirin.
h) Fırından çıkarın ve servis yapmadan önce biraz soğumalarını bekleyin.

49.Neujahrspretzel (Yılbaşı Krakerleri)

İÇİNDEKİLER:

- 4 su bardağı çok amaçlı un
- 1 çay kaşığı tuz
- 1 yemek kaşığı şeker
- 2 1/4 çay kaşığı anlık maya
- 1 1/2 su bardağı ılık süt
- 1/4 bardak tuzsuz tereyağı, eritilmiş
- Üzerine serpmek için kaba tuz

TALİMATLAR:

a) Bir karıştırma kabında un, tuz, şeker ve hazır mayayı birleştirin.
b) Kuru malzemelere ılık süt ve eritilmiş tereyağını ekleyin. Hamur bir araya gelinceye kadar karıştırın.
c) Hamuru hafifçe unlanmış bir yüzeye aktarın ve pürüzsüz ve elastik hale gelinceye kadar yaklaşık 5-7 dakika yoğurun.
ç) Hamuru tekrar kaseye koyun, üzerini temiz bir bezle örtün ve ılık bir yerde yaklaşık 1 saat veya hacmi iki katına çıkana kadar mayalanmaya bırakın.
d) Fırını 200°C'ye (400°F) önceden ısıtın. Bir fırın tepsisini parşömen kağıdıyla hizalayın.
e) Hamuru 8 eşit parçaya bölün. Her parçayı yaklaşık 20 inç uzunluğunda uzun bir ip halinde yuvarlayın.
f) Her ipin uçlarını birbirinin üzerinden geçirip alttaki kıvrıma bastırarak çubuk kraker haline getirin. Kalan hamurla tekrarlayın.
g) Şekillendirilmiş simitleri hazırlanan fırın tepsisine yerleştirin. Kaba tuz serpin.
ğ) Önceden ısıtılmış fırında yaklaşık 15-18 dakika veya altın rengi kahverengi olana kadar pişirin.
h) Fırından çıkarın ve servis yapmadan önce biraz soğumalarını bekleyin.

50.Eski Ülke Ayran Krakerleri

İÇİNDEKİLER:

- 3 su bardağı çok amaçlı un
- 1 yemek kaşığı şeker
- 2 1/4 çay kaşığı anlık maya
- 1 çay kaşığı tuz
- 1 bardak ayran
- 1/4 bardak tuzsuz tereyağı, eritilmiş
- Üzerine serpmek için kaba tuz

TALİMATLAR:

a) Bir karıştırma kabında un, şeker, hazır maya ve tuzu birleştirin.
b) Ayranı ve eritilmiş tereyağını kuru malzemelere ekleyin. Hamur bir araya gelinceye kadar karıştırın.
c) Hamuru hafifçe unlanmış bir yüzeye aktarın ve pürüzsüz ve elastik hale gelinceye kadar yaklaşık 5-7 dakika yoğurun.
ç) Hamuru tekrar kaseye koyun, üzerini temiz bir bezle örtün ve ılık bir yerde yaklaşık 1 saat veya hacmi iki katına çıkana kadar mayalanmaya bırakın.
d) Fırını önceden 425°F'ye (220°C) ısıtın. Bir fırın tepsisini parşömen kağıdıyla hizalayın.
e) Hamuru 12 eşit parçaya bölün. Her parçayı yaklaşık 20 inç uzunluğunda uzun bir ip halinde yuvarlayın.
f) Her ipin uçlarını birbirinin üzerinden geçirip alttaki kıvrıma bastırarak çubuk kraker haline getirin. Kalan hamurla tekrarlayın.
g) Şekillendirilmiş simitleri hazırlanan fırın tepsisine yerleştirin. Kaba tuz serpin.
ğ) Önceden ısıtılmış fırında yaklaşık 12-15 dakika veya altın rengi kahverengi olana kadar pişirin.
h) Fırından çıkarın ve servis yapmadan önce biraz soğumalarını bekleyin.

51.Yoğurt Kaplı Kraker

İÇİNDEKİLER:

- Çubuk kraker çubukları veya kraker kıvrımları
- Yunan yoğurdu (sade veya aromalı)
- Serpinti veya renkli şeker (isteğe bağlı)

TALİMATLAR:

a) Bir fırın tepsisini parşömen kağıdıyla hizalayın.
b) Krakerleri yarıya kadar kaplayacak şekilde Yunan yoğurduna batırın.
c) Yoğurt kaplı krakerleri hazırlanan fırın tepsisine yerleştirin.
ç) İstenirse yoğurt kaplamasının üzerine serpin veya renkli şeker serpin.
d) Fırın tepsisini yaklaşık 30 dakika veya yoğurt sertleşene kadar buzdolabına koyun.
e) Sertleştikten sonra yoğurt kaplı simitleri beslenme çantasına koyun.

EKMEK ÇUBUĞU

52. Temel Tatlılar

İÇİNDEKİLER:
- ¼ su bardağı Tereyağı veya margarin,
- Küçük parçalar halinde kesin
- ⅛ çay kaşığı Tuz
- 1¼ bardak Çok amaçlı un, elenmiş
- 3 yumurta
- ¼ çay kaşığı Vanilya özü
- Kızartma için salata yağı
- ½ çay kaşığı Tarçın
- ½ bardak) şeker

TALİMATLAR:
a) Orta boy bir tencerede tereyağını ½ bardak su ile birleştirin. Kısık ateşte tereyağı eriyene kadar karıştırarak pişirin. Sadece kaynama noktasına getirin; tuzu ekleyip ocaktan alın.

b) Unu bir kerede ekleyin; tahta kaşıkla çok sert çırpın. kısık ateşte, iyice pürüzsüz olana kadar (yaklaşık 2 dakika) çırpın. Ateşten alın; hafifçe soğumaya bırakın. Yumurtaları teker teker ekleyin ve her eklemeden sonra iyice çırpın. Vanilyayı ekleyin.

c) Karışım satenimsi bir parlaklığa sahip oluncaya kadar çırpmaya devam edin.

ç) Bu arada, derin bir tavada veya fritözde, salata yağını (en az 1-½ inç) derin kızartma termometresinde 380*F'ye kadar yavaşça ısıtın. Çörek karışımını, ½ inç genişliğinde, büyük, yivli uçlu büyük bir hamur işi torbasına bastırın. Sıcak yağın içine düşerken ıslak makasla hamuru 2 inç uzunluğunda kesin.

d) Her seferinde birkaç tane, her iki tarafta 2 dakika veya altın rengi kahverengi olana kadar derin kızartın. Oluklu kaşıkla kaldırın; kağıt havluların üzerine iyice boşaltın.

e) Bu arada orta boy bir kapta tarçın ve şekeri birleştirin. Süzülmüş donutları iyice kaplayacak şekilde şeker karışımına atın. Sıcak servis yapın.

53. Tarçınlı tatlılar

İÇİNDEKİLER:

- ¼ fincan tereyağı
- 1 su bardağı şeker
- 1 yemek kaşığı şeker
- ½ su bardağı beyaz mısır unu
- ½ su bardağı un
- 3 adet büyük yumurta
- 2 çay kaşığı tarçın

TALİMATLAR:

a) Orta boy bir tencerede tereyağını 1 yemek kaşığı şeker, ½ çay kaşığı tuz ve 1 su bardağı su ile kaynatıncaya kadar ısıtın. tavayı ocaktan alın; hemen mısır unu ve unu bir kerede ekleyin. Düşük sıcaklıkta,

b) Karışımı sürekli karıştırarak, hamur top haline gelinceye kadar yaklaşık 1 dakika pişirin. Yumurtaları teker teker ekleyerek, her eklemeden sonra hamur pürüzsüz hale gelinceye kadar kuvvetlice çırpın. fırın tepsisini kağıt havlularla hizalayın.

c) Kese kağıdı veya büyük bir kapta kalan şekeri tarçınla karıştırın. Derin, ağır bir tavada veya Hollandalı fırında 3 inç salata yağını 375 derece F'ye ısıtın. Hamuru 6 numaralı uç takılmış sıkma torbasına kaşıkla koyun. Sıcak yağın içine 5 "uzunluğunda hamur sıkın.

ç) Her iki tarafı da kızarana kadar, yaklaşık 1½ dakika kızartın. delikli kaşıkla tatlıları yağdan çıkarın ve fırın tepsisine yerleştirin. Hala sıcakken poşete koyun ve tarçın-şeker karışımıyla kaplayın. hemen servis yapın.

54.Churros ve çikolata

İÇİNDEKİLER:

- 2 bardak un
- 2 yemek kaşığı Şeker
- 1 çay kaşığı Tarçın
- 3 bardak Su
- ¼ fincan sızma zeytinyağı artı
- 3 Bardak
- ½ su bardağı ince şeker

TALİMATLAR:

a) Büyük bir karıştırma kabında un, şeker ve tarçını birlikte karıştırın. 6 litrelik bir tencereye su koyun, ¼ bardak yağ ekleyin ve hızlı bir şekilde kaynatın. Un karışımını tek seferde tencereye dökün, ocaktan alın ve pürüzsüz hale gelinceye kadar karıştırın. Plastik ambalajla örtün ve yarım saat soğumaya bırakın.

b) Yağı 375 derece F'ye ısıtın.

c) Hamuru, 6 ila 8 noktalı büyük ağızlı bir hamur işi torbasına koyun ve 6 inç uzunluğunda parçalar halinde sıcak yağın içine sıkın. Her iki tarafta altın kahverengi olana kadar kızartın.

ç) Çıkarın, kağıt havluların üzerine boşaltın ve hala sıcakken çok ince şekerle tozlayın.

55.plantainler Churros

İÇİNDEKİLER:

- 3 Muz – soyulmuş
- Limon suyu
- 4 yumurta
- ¼ bardak Un
- ½ çay kaşığı Tuz

TALİMATLAR:

a) Muzları soyun ve uzunlamasına bölün. Her parçayı ikiye bölün ve limon suyuna batırın.
b) Hamuru hazırlamak için yumurta sarısını kalın ve hafif oluncaya kadar çırpın.
c) Un ve tuzu ekleyin.
ç) Yumurta aklarını kuruyana kadar sertleşinceye kadar çırpın ve sarılarına katlayın.
d) Süzülen muz parçalarını teker teker hamurun içine bırakın.
e) Oluklu kaşıkla alın ve ağır tavadaki sıcak yağa (yağ yaklaşık 1 inç derinliğinde) yavaşça kaydırın.
f) Orta ateşte hemen çevirerek pişirin. Her iki tarafı da kızarana kadar pişirin.
g) Kağıt havlu üzerine boşaltın.

56.Kırmızı Kadife İspanyol Churros

İÇİNDEKİLER:
- 1 bardak su
- 1/4 su bardağı tuzsuz tereyağı
- 1 yemek kaşığı toz şeker
- 1/4 çay kaşığı tuz
- 1 fincan çok amaçlı un
- 1 büyük yumurta
- Kızartmak için bitkisel yağ
- Kaplama için
- 1/2 su bardağı toz şeker
- 3/4 çay kaşığı öğütülmüş tarçın

TALİMATLAR:
a) Kaseye un, tuz ve unu ekleyin ve birleştirmek için çırpın
b) Tavaya tereyağını ekleyip eritin, suyu ekleyip kaynamaya bırakın
c) Kırmızı gıda rengini ekleyin. Un karışımını ekleyin
ç) Unu ekleyin, ısıyı orta seviyeye düşürün ve pişirin ve karışım bir araya gelmeye başlayıncaya kadar tahta kaşıkla sürekli karıştırın.
d) İyice birleşene kadar çırpılmış yumurtanın ve sütün yarısını ekleyin
e) Kalan çırpılmış yumurtaları ekleyin ve pürüzsüz ve iyice birleşene kadar karıştırın.
f) İdeal olarak, otantik İspanyol tatlıları oluşturmak için başlangıç ağızlı bir sıkma torbası kullanırsınız. Sıkma torbam olmadığı için ucunu plastik bir kesimle doğaçlama yaptım. Bir bardak kullanın ve sıkma torbasını içine yerleştirin, hamuru dolana kadar torbaya ekleyin.
g) Hamuru ısıtılmış yağa bırakın. İstediğiniz uzunlukta kesmek için bir pişirme makası kullanın
ğ) Yağın içine birkaç churros hamuru ekleyin ve altın rengi kahverengi ve çıtır çıtır olana kadar pişirin. Tavaya şekeri ekleyin, tarçını ekleyin ve iyice karıştırın
h) Churros'ları şeker tarçın karışımına batırın ve eşit şekilde kaplanana kadar yuvarlayın.
ı) Dışı çıtır ama içi çok yumuşak

57.San Diablo Esnaf Churros

İÇİNDEKİLER:
- 1 bardak su
- 2 oz. tuzsuz tereyağı
- 1 su bardağı yüksek kaliteli fırıncı unu
- 3/4 çay kaşığı. tuz
- 1 büyük yumurta
- 1 çay kaşığı vanilya

TALİMATLAR:
a) Bir tencereye su ve tereyağını ekleyip kaynatın, tereyağının tamamen eridiğinden emin olun.
b) Su/tereyağı içeren tencereye un ve tuzu ekleyin, ateşte bırakın ve hiç un parçası kalmayana ve hamur top şeklini alana kadar kuvvetlice karıştırın. Isıyı çıkarın.
c) Sıcak hamuru standart mikser kasenize yerleştirin, düşük devirde kürek aparatı ile karıştırın ve buharın çıkmasını ve hamurun çıkmasını sağlayın.
ç) Hamurun buharı çıkarken yumurta ve vanilyayı ayrı bir kapta karıştırın.
d) Yumurta karışımını hamura ekleyin ve mikseri hızlandırın.
e) Hamur mikserin kenarlarına çok fazla yapışıyorsa: Mikseri durdurun, kenarları kazıyın ve kürek çekin, hamur pürüzsüz ve oyun hamuru kıvamına gelinceye kadar işlemi tekrarlayın.
f) Hamuru yaklaşık 10 dakika soğuması için buzdolabına koyun.
g) Hamur soğuduktan sonra lezzetli tatlılar yapmaya hazırsınız! Hamuru San Diablo Churro Maker'ınıza veya sıkma torbanıza koyun ve daha sonra kullanmak üzere buzdolabında saklayın.
ğ) Yağı fritözde veya tavada yaklaşık 2 inç yağla 375°F/190°C'ye kadar önceden ısıtın.
h) Churro hamurunu ağızlıktan dışarı doğru bastırmak için San Diablo Churro yapıcınızdaki düğmeyi yavaşça aşağı doğru çevirin. Veya churro hamurunu sıkma torbanıza sıkın. İstenilen miktarda churro hamurunu ağızlıktan bastırdıktan sonra tereyağı bıçağı veya parmağınızla kesin.
ı) Her ham churro'yu yavaşça sıcak yağın içine yerleştirin. Lütfen dikkatli ol! Sıcak yağ sıçramasını önlemek için, Churro Maker'ı

kesinlikle dikey olarak sıcak yağın yüzeyine yakın (fakat çok yakın değil) bir açıyla tutmanızı öneririz .

i) Churros'un sıcak yağda kızarmasını izleyin ve churro'nun tamamını ideal altın rengi kahverengi gevrekliğe (genellikle 3-4 dakika) ulaştırmak için metal maşayla gerektiği kadar çevirin.

j) Sıcak, taze churro sanat eserlerinizi metal maşa kullanarak sıcak yağdan veya hava fritözünden çıkarın ve hazırladığınız tabakta soğutun.

k) Churros'larınız biraz soğuduktan sonra hala sıcakken, üzerlerine istediğiniz miktarda San Diablo'nun imzası olan tarçın şekeri serpin.

l) Sıkma şişesini veya San Diablo'nun yeniden kullanılabilir doldurma şişelerinden birini kullanarak Dulce de Leche, Nutella veya Sweet Cream ile kalbinizin içeriğine kadar doldurun.

58.tulumba tatlısı

İÇİNDEKİLER:

- 1 bardak (8oz/225g) su
- 1/2 bardak (4oz/113g) tereyağı
- 1/2 çay kaşığı vanilya özü
- 2 yemek kaşığı şeker
- 1/4 çay kaşığı tuz
- 143 gr sade un/çok amaçlı un
- 3 yumurta (oda sıcaklığında)

TALİMATLAR:

a) Fırını 200°C'ye (400°F) önceden ısıtın. Çizgi parşömen kağıdı; bir kenara koyun.
b) Orta boy bir tencereye su, şeker, tuz ve tereyağı ekleyin.
c) Orta-yüksek ateşte yerleştirin.
ç) Tereyağı eriyene ve karışım kaynamaya başlayana kadar ısıtın.
d) Kaynayınca unu ekleyip çırpın.
e) Un topakları kalmayıncaya ve bir hamur topu oluşana kadar çırpın.
f) Şimdi tahta bir kaşık kullanarak hamuru tencerenizin etrafında karıştırıp, DÜŞÜK ateşte yaklaşık bir dakika kadar pişirin.
g) Karışım topaklaşacak ve yanlardan çekilecek
ğ) Tahta kaşığınızı kullanarak yumurta karışımınızdan bir miktar hamurun içine ekleyin. Karıştırın ve ezin, hamuru gevşeyene kadar parçalayın. Yumurtalar eklenene ve karışım patates püresi görünümüne ulaşıncaya kadar iyice karıştırın.
h) Yumurtalarınızı birleşene kadar eklemeye devam edin
ı) Bunu torbaya baskı uygulayarak yapın ve kesmek için yavaşça makas kullanın.
i) Churro'lar arasında yaklaşık 2 inç boşluk bırakın.
j) Yaklaşık 18-22 dakika veya altın rengi kahverengi olana kadar pişirin.
k) SONRA fırını kapatın ve biraz kuruması için 10 dakika orada bırakın. Bu adım şekillerini korumalarına ve soğuduktan sonra düzleşmemelerine yardımcı olur.
l) Sadece bir dakikalığına yapın :), sonra ocaktan alın ve bir kenara koyun.
m) Bir sürahide yumurtaları ve vanilyayı birleştirin ve birlikte çırpın.

n) Hamurunuzu yıldız uçlu sıkma torbasına aktarın.
o) Hamuru parşömen kaplı tavalara uzun tatlılar halinde sıkın. Bunları güzel ve kalın bir şekilde boruladığınızdan emin olun.
ö) Kilitli bir torbada şekeri, tarçını ve tuzu birleştirin.
p) Churros'ları doğrudan fırından alın ve iyice kaplanana kadar karışımın içine atın. Bunu tatlılar sıcak ve fırından yeni çıkmışken yapmak en iyisidir.
r) Ev yapımı tatlılarınızın tadını çıkarın.

59.Çikolatalı Churros

İÇİNDEKİLER:

- 1 bardak su
- 2 yemek kaşığı şeker
- 1/2 çay kaşığı tuz
- 2 yemek kaşığı bitkisel yağ
- 1 fincan çok amaçlı un
- Kızartmak için bitkisel yağ
- 1/4 su bardağı pudra şekeri (tozlamak için)
- 1/2 bardak çikolata parçacıkları
- 1/4 bardak ağır krema

TALİMATLAR:

a) Bir tencerede su, şeker, tuz ve bitkisel yağı birleştirin. Karışımı kaynatın.
b) Tencereyi ocaktan alıp unu ekleyin. Karışım bir hamur topu oluşana kadar karıştırın.
c) Bitkisel yağı derin bir tavada veya tencerede orta ateşte ısıtın.
ç) Hamuru yıldız uçlu sıkma torbasına aktarın.
d) Hamuru sıcak yağın içine sıkın ve bir bıçak veya makasla 4-6 inç uzunluğunda kesin.
e) Her tarafı altın rengi olana kadar ara sıra çevirerek kızartın.
f) Churros'u yağdan çıkarın ve bir kağıt havlu üzerine boşaltın.
g) Churroları pudra şekeri ile tozlayın.
ğ) Mikrodalgaya dayanıklı bir kapta çikolata parçacıklarını ve kremayı birleştirin. Mikrodalgada 30 saniyelik aralıklarla, pürüzsüz hale gelinceye kadar karıştırın.
h) Churros'ları daldırma için çikolata sosuyla servis edin.

60.Karamel Dolgulu Churros

İÇİNDEKİLER:

- 1 bardak su
- 2 yemek kaşığı şeker
- 1/2 çay kaşığı tuz
- 2 yemek kaşığı bitkisel yağ
- 1 fincan çok amaçlı un
- Kızartmak için bitkisel yağ
- 1/4 su bardağı şeker (kaplama için)
- 1 çay kaşığı toz tarçın (kaplama için)
- Hazır karamel sosu

TALİMATLAR:

a) Bir tencerede su, şeker, tuz ve bitkisel yağı birleştirin. Karışımı kaynatın.
b) Tencereyi ocaktan alıp unu ekleyin. Karışım bir hamur topu oluşana kadar karıştırın.
c) Bitkisel yağı derin bir tavada veya tencerede orta ateşte ısıtın.
ç) Hamuru yıldız uçlu sıkma torbasına aktarın.
d) Hamuru sıcak yağın içine sıkın ve bir bıçak veya makasla 4-6 inç uzunluğunda kesin.
e) Her tarafı altın rengi olana kadar ara sıra çevirerek kızartın.
f) Churros'u yağdan çıkarın ve bir kağıt havlu üzerine boşaltın.
g) Ayrı bir kapta şekeri ve tarçını birleştirin. Churros'ları tarçınlı şeker karışımında kaplanana kadar yuvarlayın.
ğ) Bir şırınga veya hamur torbası kullanarak churros'ları hazırlanmış karamel sosla doldurun.
h) Karamel dolgulu tatlıları sıcak olarak servis edin.

61.Balkabağı Baharatlı Churros

İÇİNDEKİLER:

- 1 bardak su
- 2 yemek kaşığı şeker
- 1/2 çay kaşığı tuz
- 2 yemek kaşığı bitkisel yağ
- 1 fincan çok amaçlı un
- 1 çay kaşığı kabak baharat karışımı
- Kızartmak için bitkisel yağ
- 1/4 su bardağı şeker (kaplama için)
- 1 çay kaşığı toz tarçın (kaplama için)

TALİMATLAR:

a) Bir tencerede su, şeker, tuz ve bitkisel yağı birleştirin. Karışımı kaynatın.
b) Tencereyi ocaktan alıp un ve kabak baharat karışımını ekleyin. Karışım bir hamur topu oluşana kadar karıştırın.
c) Bitkisel yağı derin bir tavada veya tencerede orta ateşte ısıtın.
ç) Hamuru yıldız uçlu sıkma torbasına aktarın.
d) Hamuru sıcak yağın içine sıkın ve bir bıçak veya makasla 4-6 inç uzunluğunda kesin.
e) Her tarafı altın rengi olana kadar ara sıra çevirerek kızartın.
f) Churros'u yağdan çıkarın ve bir kağıt havlu üzerine boşaltın.
g) Ayrı bir kapta şekeri ve tarçını birleştirin. Churros'ları tarçınlı şeker karışımında kaplanana kadar yuvarlayın.
ğ) Balkabaklı baharatlı churros'u üzerine pudra şekeri serperek sıcak olarak servis yapın.

62. Glutensiz Churros

İÇİNDEKİLER:

- 1 bardak su
- 2 yemek kaşığı şeker
- 1/2 çay kaşığı tuz
- 2 yemek kaşığı bitkisel yağ
- 1 su bardağı glutensiz çok amaçlı un
- Kızartmak için bitkisel yağ
- 1/4 su bardağı şeker (kaplama için)
- 1 çay kaşığı toz tarçın (kaplama için)

TALİMATLAR:

a) Bir tencerede su, şeker, tuz ve bitkisel yağı birleştirin. Karışımı kaynatın.
b) Tencereyi ocaktan alın ve glutensiz çok amaçlı unu ekleyin. Karışım bir hamur topu oluşana kadar karıştırın.
c) Bitkisel yağı derin bir tavada veya tencerede orta ateşte ısıtın.
ç) Hamuru yıldız uçlu sıkma torbasına aktarın.
d) Hamuru sıcak yağın içine sıkın ve bir bıçak veya makasla 4-6 inç uzunluğunda kesin.
e) Her tarafı altın rengi olana kadar ara sıra çevirerek kızartın.
f) Churros'u yağdan çıkarın ve bir kağıt havlu üzerine boşaltın.
g) Ayrı bir kapta şekeri ve tarçını birleştirin. Churros'ları tarçınlı şeker karışımında kaplanana kadar yuvarlayın.
ğ) Glutensiz tatlıları, seçtiğiniz daldırma sosuyla birlikte sıcak olarak servis edin.

63.Nutella Dolması Churros

İÇİNDEKİLER:

- 1 bardak su
- 2 yemek kaşığı şeker
- 1/2 çay kaşığı tuz
- 2 yemek kaşığı bitkisel yağ
- 1 fincan çok amaçlı un
- Kızartmak için bitkisel yağ
- 1/4 su bardağı şeker (kaplama için)
- 1 çay kaşığı toz tarçın (kaplama için)
- Nutella (veya başka herhangi bir çikolata-fındık ezmesi)

TALİMATLAR:

a) Bir tencerede su, şeker, tuz ve bitkisel yağı birleştirin. Karışımı kaynatın.
b) Tencereyi ocaktan alıp unu ekleyin. Karışım bir hamur topu oluşana kadar karıştırın.
c) Bitkisel yağı derin bir tavada veya tencerede orta ateşte ısıtın.
ç) Hamuru yıldız uçlu sıkma torbasına aktarın.
d) Hamuru sıcak yağın içine sıkın ve bir bıçak veya makasla 4-6 inç uzunluğunda kesin.
e) Her tarafı altın rengi olana kadar ara sıra çevirerek kızartın.
f) Churros'u yağdan çıkarın ve bir kağıt havlu üzerine boşaltın.
g) Ayrı bir kapta şekeri ve tarçını birleştirin. Churros'ları tarçınlı şeker karışımında kaplanana kadar yuvarlayın.
ğ) Bir şırınga veya hamur işi torbası kullanarak tatlıları Nutella veya çikolata-fındık ezmesiyle doldurun.
h) Nutella dolgulu tatlıları sıcak olarak servis edin.

64.Churro Dondurmalı Sandviçler

İÇİNDEKİLER:
- 1 bardak su
- 2 yemek kaşığı şeker
- 1/2 çay kaşığı tuz
- 2 yemek kaşığı bitkisel yağ
- 1 fincan çok amaçlı un
- Kızartmak için bitkisel yağ
- 1/4 su bardağı şeker (kaplama için)
- 1 çay kaşığı toz tarçın (kaplama için)
- Dilediğiniz dondurma

TALİMATLAR:
a) Bir tencerede su, şeker, tuz ve bitkisel yağı birleştirin. Karışımı kaynatın.
b) Tencereyi ocaktan alıp unu ekleyin. Karışım bir hamur topu oluşana kadar karıştırın.
c) Bitkisel yağı derin bir tavada veya tencerede orta ateşte ısıtın.
ç) Hamuru yıldız uçlu sıkma torbasına aktarın.
d) Hamuru sıcak yağın içine sıkın ve bir bıçak veya makasla 4-6 inç uzunluğunda kesin.
e) Her tarafı altın rengi olana kadar ara sıra çevirerek kızartın.
f) Churros'u yağdan çıkarın ve bir kağıt havlu üzerine boşaltın.
g) Ayrı bir kapta şekeri ve tarçını birleştirin. Churros'ları tarçınlı şeker karışımında kaplanana kadar yuvarlayın.
ğ) Churros'un hafifçe soğumasını bekleyin.
h) Churros'u yatay olarak dilimleyin ve iki yarının arasına bir kaşık dondurma koyun.
ı) Churro dondurmalı sandviçleri hemen servis edin.

65. Dulce de Leche Churros

İÇİNDEKİLER:
- 1 bardak su
- 2 yemek kaşığı şeker
- 1/2 çay kaşığı tuz
- 2 yemek kaşığı bitkisel yağ
- 1 fincan çok amaçlı un
- Kızartmak için bitkisel yağ
- 1/4 su bardağı şeker (kaplama için)
- 1 çay kaşığı toz tarçın (kaplama için)
- Dulce de leche hazırlandı

TALİMATLAR:
a) Bir tencerede su, şeker, tuz ve bitkisel yağı birleştirin. Karışımı kaynatın.
b) Tencereyi ocaktan alıp unu ekleyin. Karışım bir hamur topu oluşana kadar karıştırın.
c) Bitkisel yağı derin bir tavada veya tencerede orta ateşte ısıtın.
ç) Hamuru yıldız uçlu sıkma torbasına aktarın.
d) Hamuru sıcak yağın içine sıkın ve bir bıçak veya makasla 4-6 inç uzunluğunda kesin.
e) Her tarafı altın rengi olana kadar ara sıra çevirerek kızartın.
f) Churros'u yağdan çıkarın ve bir kağıt havlu üzerine boşaltın.
g) Ayrı bir kapta şekeri ve tarçını birleştirin. Churros'ları tarçınlı şeker karışımında kaplanana kadar yuvarlayın.
ğ) Churros'ları daldırma için hazırlanmış dulce de leche ile servis edin.

66.Matcha Churros

İÇİNDEKİLER:

- 1 bardak su
- 2 yemek kaşığı şeker
- 1/2 çay kaşığı tuz
- 2 yemek kaşığı bitkisel yağ
- 1 fincan çok amaçlı un
- 1 yemek kaşığı matcha tozu
- Kızartmak için bitkisel yağ
- 1/4 su bardağı şeker (kaplama için)

TALİMATLAR:

a) Bir tencerede su, şeker, tuz ve bitkisel yağı birleştirin. Karışımı kaynatın.
b) Tencereyi ocaktan alıp un ve matcha tozunu ekleyin. Karışım bir hamur topu oluşana kadar karıştırın.
c) Bitkisel yağı derin bir tavada veya tencerede orta ateşte ısıtın.
ç) Hamuru yıldız uçlu sıkma torbasına aktarın.
d) Hamuru sıcak yağın içine sıkın ve bir bıçak veya makasla 4-6 inç uzunluğunda kesin.
e) Her tarafı altın rengi olana kadar ara sıra çevirerek kızartın.
f) Churros'u yağdan çıkarın ve bir kağıt havlu üzerine boşaltın.
g) Ayrı bir kapta şeker ve matcha tozunu birleştirin. Churros'ları matcha şekeri karışımında kaplanana kadar yuvarlayın.
ğ) Matcha churros'u sıcak olarak servis edin.

67. Kırmızı Kadife Churros

İÇİNDEKİLER:
- 1 bardak su
- 2 yemek kaşığı şeker
- 1/2 çay kaşığı tuz
- 2 yemek kaşığı bitkisel yağ
- 1 fincan çok amaçlı un
- 1 yemek kaşığı kakao tozu
- kırmızı gıda boyası
- Kızartmak için bitkisel yağ
- 1/4 su bardağı pudra şekeri (tozlamak için)
- Krem peynirli krema (daldırma için)

TALİMATLAR:
a) Bir tencerede su, şeker, tuz ve bitkisel yağı birleştirin. Karışımı kaynatın.
b) Tencereyi ocaktan alıp un, kakao tozu ve kırmızı gıda boyasını ekleyin. Karışım bir hamur topu oluşana ve istenen kırmızı rengi elde edene kadar karıştırın.
c) Bitkisel yağı derin bir tavada veya tencerede orta ateşte ısıtın.
ç) Hamuru yıldız uçlu sıkma torbasına aktarın.
d) Hamuru sıcak yağın içine sıkın ve bir bıçak veya makasla 4-6 inç uzunluğunda kesin.
e) Her tarafı altın rengi olana kadar ara sıra çevirerek kızartın.
f) Churros'u yağdan çıkarın ve bir kağıt havlu üzerine boşaltın.
g) Churroları pudra şekeri ile tozlayın.
ğ) Kırmızı kadife tatlılarını, daldırma için krem peynirli krema ile sıcak olarak servis edin.

68.Churro ısırıkları

İÇİNDEKİLER:
- 1 bardak su
- 2 yemek kaşığı şeker
- 1/2 çay kaşığı tuz
- 2 yemek kaşığı bitkisel yağ
- 1 fincan çok amaçlı un
- Kızartmak için bitkisel yağ
- 1/4 su bardağı şeker (kaplama için)
- 1 çay kaşığı toz tarçın (kaplama için)

TALİMATLAR:
a) Bir tencerede su, şeker, tuz ve bitkisel yağı birleştirin. Karışımı kaynatın.
b) Tencereyi ocaktan alıp unu ekleyin. Karışım bir hamur topu oluşana kadar karıştırın.
c) Bitkisel yağı derin bir tavada veya tencerede orta ateşte ısıtın.
ç) Hamuru yıldız uçlu sıkma torbasına aktarın.
d) Küçük lokma büyüklüğünde hamur parçalarını kızgın yağa sıkın.
e) Her tarafı altın rengi olana kadar ara sıra çevirerek kızartın.
f) Churro ısırıklarını yağdan çıkarın ve bir kağıt havlu üzerine boşaltın.
g) Ayrı bir kapta şekeri ve tarçını birleştirin. Churro ısırıklarını tarçınlı şeker karışımına kaplanana kadar atın.
ğ) Churro lokmalarını sıcak olarak servis edin.

69.Limonlu Churros

İÇİNDEKİLER:

- 1 bardak su
- 2 yemek kaşığı şeker
- 1/2 çay kaşığı tuz
- 2 yemek kaşığı bitkisel yağ
- 1 fincan çok amaçlı un
- 1 limon kabuğu rendesi ve
- Kızartmak için bitkisel yağ
- 1/4 su bardağı şeker (kaplama için)
- 1 çay kaşığı toz tarçın (kaplama için)
- Limon sosu (pudra şekeri ve limon suyuyla yapılır)

TALİMATLAR:

a) Bir tencerede su, şeker, tuz ve bitkisel yağı birleştirin. Karışımı kaynatın.
b) Tencereyi ocaktan alıp un ve limon kabuğu rendesini ekleyin. Karışım bir hamur topu oluşana kadar karıştırın.
c) Bitkisel yağı derin bir tavada veya tencerede orta ateşte ısıtın.
ç) Hamuru yıldız uçlu sıkma torbasına aktarın.
d) Hamuru sıcak yağın içine sıkın ve bir bıçak veya makasla 4-6 inç uzunluğunda kesin.
e) Her tarafı altın rengi olana kadar ara sıra çevirerek kızartın.
f) Churros'u yağdan çıkarın ve bir kağıt havlu üzerine boşaltın.
g) Ayrı bir kapta şekeri ve tarçını birleştirin. Churros'ları tarçınlı şeker karışımında kaplanana kadar yuvarlayın.
ğ) Churroların üzerine limonlu sosu gezdirin.
h) Limonlu tatlıları sıcak olarak servis edin.

70. Hindistan Cevizli Churros

İÇİNDEKİLER:

- 1 bardak su
- 2 yemek kaşığı şeker
- 1/2 çay kaşığı tuz
- 2 yemek kaşığı bitkisel yağ
- 1 fincan çok amaçlı un
- 1/2 su bardağı kıyılmış hindistan cevizi
- Kızartmak için bitkisel yağ
- 1/4 su bardağı şeker (kaplama için)
- 1 çay kaşığı toz tarçın (kaplama için)

TALİMATLAR:

a) Bir tencerede su, şeker, tuz ve bitkisel yağı birleştirin. Karışımı kaynatın.

b) Tencereyi ocaktan alıp un ve kıyılmış hindistan cevizini ekleyin. Karışım bir hamur topu oluşana kadar karıştırın.

c) Bitkisel yağı derin bir tavada veya tencerede orta ateşte ısıtın.

ç) Hamuru yıldız uçlu sıkma torbasına aktarın.

d) Hamuru sıcak yağın içine sıkın ve bir bıçak veya makasla 4-6 inç uzunluğunda kesin.

e) Her tarafı altın rengi olana kadar ara sıra çevirerek kızartın.

f) Churros'u yağdan çıkarın ve bir kağıt havlu üzerine boşaltın.

g) Ayrı bir kapta şekeri ve tarçını birleştirin. Churros'ları tarçınlı şeker karışımında kaplanana kadar yuvarlayın.

ğ) Hindistan cevizi tatlılarını sıcak olarak servis edin.

71.Churro Gofretleri

İÇİNDEKİLER:
- 1 bardak su
- 2 yemek kaşığı şeker
- 1/2 çay kaşığı tuz
- 2 yemek kaşığı bitkisel yağ
- 1 fincan çok amaçlı un
- Kızartmak için bitkisel yağ
- 1/4 su bardağı şeker (kaplama için)
- 1 çay kaşığı toz tarçın (kaplama için)
- Waffle hamuru (paket talimatlarına göre hazırlanmıştır)

TALİMATLAR:
a) Bir tencerede su, şeker, tuz ve bitkisel yağı birleştirin. Karışımı kaynatın.
b) Tencereyi ocaktan alıp unu ekleyin. Karışım bir hamur topu oluşana kadar karıştırın.
c) Bitkisel yağı derin bir tavada veya tencerede orta ateşte ısıtın.
ç) Hamuru yıldız uçlu sıkma torbasına aktarın.
d) Hamuru sıcak yağın içine sıkın ve bir bıçak veya makasla 4-6 inç uzunluğunda kesin.
e) Her tarafı altın rengi olana kadar ara sıra çevirerek kızartın.
f) Churros'u yağdan çıkarın ve bir kağıt havlu üzerine boşaltın.
g) Ayrı bir kapta şekeri ve tarçını birleştirin. Churros'ları tarçınlı şeker karışımında kaplanana kadar yuvarlayın.
ğ) Waffle demirini önceden ısıtın ve waffle hamurunu paketin üzerindeki talimatlara göre hazırlayın.
h) Ütünün üzerindeki her waffle bölümünün ortasına bir churro yerleştirin ve hamuru churroların üzerine dökün.
ı) Waffle makinesini kapatın ve waffle'lar altın rengi kahverengi olana kadar pişirin.
i) Churro waffle'larını sıcak olarak servis edin.

72.Çilekli Cheesecake Churros

İÇİNDEKİLER:
- 1 bardak su
- 2 yemek kaşığı şeker
- 1/2 çay kaşığı tuz
- 2 yemek kaşığı bitkisel yağ
- 1 fincan çok amaçlı un
- Kızartmak için bitkisel yağ
- 1/4 su bardağı şeker (kaplama için)
- 1 çay kaşığı toz tarçın (kaplama için)
- Çilekli cheesecake dolgusu (hazır veya mağazadan satın alınmış)

TALİMATLAR:
a) Bir tencerede su, şeker, tuz ve bitkisel yağı birleştirin. Karışımı kaynatın.
b) Tencereyi ocaktan alıp unu ekleyin. Karışım bir hamur topu oluşana kadar karıştırın.
c) Bitkisel yağı derin bir tavada veya tencerede orta ateşte ısıtın.
ç) Hamuru yıldız uçlu sıkma torbasına aktarın.
d) Hamuru sıcak yağın içine sıkın ve bir bıçak veya makasla 4-6 inç uzunluğunda kesin.
e) Her tarafı altın rengi olana kadar ara sıra çevirerek kızartın.
f) Churros'u yağdan çıkarın ve bir kağıt havlu üzerine boşaltın.
g) Ayrı bir kapta şekeri ve tarçını birleştirin. Churros'ları tarçınlı şeker karışımında kaplanana kadar yuvarlayın.
ğ) Bir şırınga veya hamur torbası kullanarak tatlıları çilekli cheesecake dolgusu ile doldurun.
h) Çilekli cheesecake tatlılarını sıcak olarak servis edin.

EKMEK ÇUBUĞU BÜKÜMLERİ

73. Tarçınlı Şeker Twists

İÇİNDEKİLER:

- 1 paket milföy hamuru
- 2 yemek kaşığı tereyağı, eritilmiş
- 1/4 su bardağı toz şeker
- 1 çay kaşığı öğütülmüş tarçın

TALİMATLAR:

a) Fırını önceden 200°C'ye (400°F) ısıtın ve fırın tepsisini parşömen kağıdıyla kaplayın.
b) Milföy hamurunu paket talimatlarına göre çözdürün.
c) Milföy hamurunu açın ve ince şeritler halinde kesin.
ç) Her şeridi bükün ve hazırlanan fırın tepsisine yerleştirin.
d) Küçük bir kapta toz şeker ve toz tarçını karıştırın.
e) Açtığınız hamurun üzerine eritilmiş tereyağını sürün.
f) Tarçınlı şeker karışımını bükümlerin üzerine eşit şekilde serpin.
g) 12-15 dakika veya kabarıp altın rengi kahverengi olana kadar pişirin. Sıcak servis yapın.

74.Karamelli Bükümler

İÇİNDEKİLER:

- 1 paket (17,3 ons) dondurulmuş puf böreği, çözülmüş
- 1 su bardağı toz şeker
- 1/2 su bardağı tuzsuz tereyağı
- 1/4 bardak ağır krema
- 1 çay kaşığı vanilya özü
- 1/4 çay kaşığı tuz

TALİMATLAR:

a) Fırını önceden 200°C'ye (400°F) ısıtın ve fırın tepsisini parşömen kağıdıyla kaplayın.
b) Milföy hamurunu hafifçe unlanmış bir yüzeyde dikdörtgen şeklinde açın.
c) Bir tencerede toz şeker, tereyağı, krema, vanilya özü ve tuzu birleştirin. Şeker eriyene ve karışım köpürmeye başlayana kadar orta-yüksek ateşte ısıtın.
ç) Açılan milföy hamurlarının üzerine karamel sosunu döküp eşit şekilde yayalım.
d) Hamuru yaklaşık 1/2 inç genişliğinde ince şeritler halinde kesin.
e) Her şeridi yavaşça bükün ve hazırlanan fırın tepsisine yerleştirin.
f) 12-15 dakika veya altın rengi kahverengi olana ve kabarıncaya kadar pişirin.
g) Servis yapmadan önce bükümlerin soğumasını bekleyin.

75.Avusturya Twistleri

İÇİNDEKİLER:
- 2 yaprak puf böreği, çözülmüş
- 1/2 su bardağı tuzsuz tereyağı, eritilmiş
- 1/2 su bardağı toz şeker
- 1 yemek kaşığı öğütülmüş tarçın
- Üzeri için pudra şekeri

TALİMATLAR:
a) Fırını önceden 375°F'ye (190°C) ısıtın ve fırın tepsisini parşömen kağıdıyla kaplayın.
b) Milföy hamurlarını hafifçe unlanmış bir yüzeyde açın.
c) Eritilmiş tereyağını her yaprağın üzerine eşit şekilde fırçalayın.
ç) Küçük bir kapta toz şekeri ve öğütülmüş tarçını birleştirin.
d) Tarçın-şeker karışımını tereyağlı hamur tabakalarının üzerine serpin.
e) Her bir hamur tabakasını uzunlamasına ikiye katlayın.
f) Her sayfayı 1 inçlik şeritler halinde kesin.
g) Her şeridi yavaşça bükün ve hazırlanan fırın tepsisine yerleştirin.
ğ) 15-20 dakika veya altın rengi kahverengi olana kadar pişirin.
h) Pudra şekeri serpmeden önce bükümlerin hafifçe soğumasını bekleyin.

76.Pizzanın Dönüşleri

İÇİNDEKİLER:

- 1 yaprak puf böreği, çözülmüş
- 1/2 bardak pizza sosu
- 1 su bardağı rendelenmiş mozarella peyniri
- 1/4 bardak dilimlenmiş pepperoni
- 1 çay kaşığı kurutulmuş kekik
- 1/4 çay kaşığı sarımsak tozu
- 1/4 çay kaşığı kırmızı biber gevreği (isteğe bağlı)

TALİMATLAR:

a) Fırını önceden 200°C'ye (400°F) ısıtın ve fırın tepsisini parşömen kağıdıyla kaplayın.
b) Milföy hamurunu hafifçe unlanmış bir yüzeyde dikdörtgen şeklinde açın.
c) Pizza sosunu hamur işi kağıdının üzerine eşit şekilde yayın ve kenarlarda küçük bir kenarlık bırakın.
ç) Sosun üzerine rendelenmiş mozzarella peyniri, dilimlenmiş sucuk, kurutulmuş kekik, sarımsak tozu ve kırmızı pul biberi (kullanılıyorsa) serpin.
d) Hamur tabakasını uzunlamasına ikiye katlayın ve kenarları birbirine bastırarak kapatın.
e) Katlanmış hamur işini 1 inçlik şeritler halinde kesin.
f) Her şeridi yavaşça bükün ve hazırlanan fırın tepsisine yerleştirin.
g) 15-20 dakika veya hamur işi altın rengi kahverengi olana ve peynir eriyip kabarcıklanıncaya kadar pişirin.
ğ) Servis yapmadan önce bükümlerin hafifçe soğumasını bekleyin.

77.İsveç Aniswe Twistleri

İÇİNDEKİLER:
- 2 1/2 bardak çok amaçlı un
- 1/2 bardak tuzsuz tereyağı, yumuşatılmış
- 1/2 su bardağı toz şeker
- 2 çay kaşığı anason özü
- 1/2 çay kaşığı kabartma tozu
- 1/4 çay kaşığı tuz
- 1 yumurta
- Serpmek için inci şekeri (isteğe bağlı)

TALİMATLAR:
a) Fırını önceden 375°F'ye (190°C) ısıtın ve fırın tepsisini parşömen kağıdıyla kaplayın.
b) Büyük bir karıştırma kabında yumuşatılmış tereyağını, toz şekeri ve anason ekstraktını hafif ve kabarık hale gelinceye kadar krema haline getirin.
c) Ayrı bir kapta un, kabartma tozu ve tuzu birlikte çırpın.
ç) Kuru malzemeleri yavaş yavaş tereyağı karışımına ekleyin ve her eklemeden sonra iyice karıştırın.
d) Hamur bir araya gelinceye kadar yumurtayı çırpın.
e) Hamuru küçük parçalara bölün ve her bir parçayı yaklaşık 8 inç uzunluğunda uzun bir ip halinde yuvarlayın.
f) Her bir ipi "S" şekline getirin ve hazırlanan fırın tepsisine yerleştirin.
g) Bükümlerin üzerine inci şekeri serpin (istenirse).
ğ) 10-12 dakika veya kenarları hafif altın rengi olana kadar pişirin.
h) Servis yapmadan önce bükümlerin tamamen soğumasını bekleyin.

78.Nutellalı Pasta Bükümleri

İÇİNDEKİLER:

- 17,3 onsluk paket dondurulmuş puf böreği, çözülmüş ancak soğuk
- un, çalışma yüzeyinin tozunu almak için
- 1 bardak Nutella
- 1 büyük yumurta
- kaba zımpara şekeri, isteğe bağlı

TALİMATLAR:

a) Fırını 350 dereceye kadar önceden ısıtın.

b) Fırın tepsisini parşömen kağıdıyla kaplayın ve pişirme spreyi ile hafifçe yağlayın.

c) Milföy hamurunun bir yaprağını hafifçe unlanmış bir çalışma yüzeyine açın. Bir oklava kullanarak, kat yerlerini birbirine kapatmak için hamur işini hafifçe yuvarlayın.

ç) Düzleştirilmiş milföy hamurunun üzerine Nutella'yı sürün.

d) İkinci milföy hamurunu açın ve ilk yufkanın üzerine yerleştirin.

e) Hamuru bir inç genişliğinde şeritler halinde kesin ve her şeridi bükerek fırın tepsisine yerleştirin.

f) Küçük bir kapta yumurtayı çırpın, ardından kıvrımların üzerine sürün.

g) İstenirse bükümlere zımpara şekeri serpin.

ğ) Altın kahverengi olana kadar 15 ila 18 dakika pişirin.

h) Bükümleri fırından çıkarın ve fırın tepsisinde en az 5 dakika soğumaya bırakın.

79.Hava Fritözü Sweet Twists

İÇİNDEKİLER:
- 1 kutu mağazadan satın alınan puf böreği
- ½ çay kaşığı tarçın
- ½ çay kaşığı şeker
- ½ çay kaşığı siyah susam
- Tuz, tutam
- 2 yemek kaşığı parmesan peyniri, rendelenmiş

TALİMATLAR:
a) Hamuru bir çalışma yüzeyine yerleştirin.
b) Küçük bir kase alın ve peyniri, şekeri, tuzu, susam tohumlarını ve tarçını karıştırın.
c) Bu karışımı hamurun her iki tarafına da bastırın.
ç) Şimdi hamuru 1" x 3" şeritler halinde kesin.
d) Şeritlerin her birini 2 kez bükün ve ardından düz bir yere koyun.
e) Hava fritözü sepetine aktarın.
f) 10 dakika boyunca 400 derece F'de havada kızartma modunu seçin.
g) Pişirildikten sonra servis yapın.

80.Limonlu Tatlı Twistler

İÇİNDEKİLER:
- 1 kutu mağazadan satın alınan puf böreği
- ½ çay kaşığı limon kabuğu rendesi
- 1 yemek kaşığı limon suyu
- 2 çay kaşığı esmer şeker
- Tuz, tutam
- 2 yemek kaşığı taze rendelenmiş Parmesan peyniri

TALİMATLAR :
a) Milföy hamurunu temiz bir çalışma alanına koyun.
b) Bir kapta Parmesan peyniri, esmer şeker, tuz, limon kabuğu rendesi ve limon suyunu birleştirin.
c) Bu karışımı hamurun her iki tarafına da bastırın.
ç) Şimdi hamuru 1" x 4" şeritler halinde kesin.
d) Şeritlerin her birini bükün.
e) Hava fritözü sepetine aktarın.
f) 9-10 dakika boyunca 400 derece F'de havada kızartma modunu seçin.
g) Pişirdikten sonra servis yapın ve keyfini çıkarın.

81.Peynir ve Jambon Bükümleri

İÇİNDEKİLER:
- 1 yaprak puf böreği, çözülmüş
- 1/2 su bardağı rendelenmiş kaşar peyniri
- 1/2 bardak doğranmış jambon
- 1 yumurta, dövülmüş

TALİMATLAR:
a) Fırını 200°C'ye (400°F) önceden ısıtın.
b) Hafifçe unlanmış bir yüzeyde, puf böreğini yaklaşık 1/4 inç kalınlığa kadar açın.
c) Rendelenmiş kaşar peynirini ve doğranmış jambonu milföy hamurlarının üzerine eşit şekilde serpin.
ç) Milföy hamurunu 12 eşit şerit halinde kesin.
d) Her şeridi birkaç kez bükün ve parşömen kağıdıyla kaplı bir fırın tepsisine yerleştirin.
e) Her bükümü çırpılmış yumurta ile fırçalayın.
f) Altın kahverengi olana kadar 15-20 dakika pişirin.
g) Sıcak servis yapın.

82.Çikolata ve Fındıklı Twistler

İÇİNDEKİLER:

- 1 yaprak puf böreği, çözülmüş
- 1/4 bardak Nutella veya çikolatalı fındık ezmesi
- 1/4 su bardağı kıyılmış fındık
- 1 yumurta, dövülmüş

TALİMATLAR:

a) Fırını 200°C'ye (400°F) önceden ısıtın.
b) Hafifçe unlanmış bir yüzeyde, puf böreğini yaklaşık 1/4 inç kalınlığa kadar açın.
c) Milföy hamurlarının üzerine Nutella veya çikolatalı fındık serpin.
ç) Kıyılmış fındıkları hamurun üzerine serpin.
d) Milföy hamurunu yaklaşık 1 inç genişliğinde şeritler halinde kesin.
e) Her şeridi birkaç kez bükün ve parşömen kağıdıyla kaplı bir fırın tepsisine yerleştirin.
f) Her bükümü çırpılmış yumurta ile fırçalayın.
g) Altın kahverengi olana kadar 20-25 dakika pişirin.
ğ) Sıcak servis yapın.

83.Tiramisu Twistleri

İÇİNDEKİLER:

- 200 gram Mascarpone
- 2 yemek kaşığı Kahlua, ayrıca sır için ekstra
- 2 yemek kaşığı pudra şekeri
- 1 yaprak tamamen tereyağlı puf böreği
- 30 gram bitter çikolata, bölünmüş

TALİMATLAR:

a) Küçük bir karıştırma kabında mascarpone'u yumuşayana kadar çırpın. Kahlua'yı ekleyin ve tamamen karıştırıldıktan sonra şekeri ekleyin. Milföy hamurunu kısa kenarı kendinize bakacak şekilde yerleştirin. Tiramisu dolgusunu kağıdın üzerine eşit şekilde yayın.

b) Hamuru 8 uzun dikey şerit halinde kesmek için bir pizza kesici veya keskin bir bıçak kullanın. Dolgunun üzerine 20 gram bitter çikolata rendeleyin. Her seferinde bir torsade ile çalışarak, sizden en uzaktaki ucunu tutun ve kendi üzerine ikiye katlayın.

c) Yapışmaz veya astarlı bir fırın tepsisine aktarın, yatırırken iki kez çevirin. Alt kenarı yavaşça bastırarak kapatın, ardından geri kalanıyla aynı işlemi tekrarlayın ve 1 saat soğutun.

ç) Fırını önceden 200C / 180C fana ısıtın. Hamur işleri bir saat soğuduktan sonra üzerlerine hafifçe Kahlua sürün ve kalan çikolatayı ince bir toz halinde rendeleyin.

d) İyice kabarıp altın rengi kahverengi olana kadar 15 dakika pişirin.

e) Soğutmak için tel rafa aktarın veya sıcak olarak servis yapın.

84.Sarımsaklı Parmesan Bükümleri

İÇİNDEKİLER:

- 1 paket buzdolabında soğutulmuş pizza hamuru
- 2 yemek kaşığı tereyağı, eritilmiş
- 2 diş sarımsak, kıyılmış
- 1/4 su bardağı rendelenmiş parmesan peyniri
- 1 çay kaşığı kurutulmuş İtalyan baharatı

TALİMATLAR:

a) Fırını önceden 375°F'ye (190°C) ısıtın ve fırın tepsisini parşömen kağıdıyla kaplayın.
b) Pizza hamurunu açın ve ince şeritler halinde kesin.
c) Her şeridi bükün ve hazırlanan fırın tepsisine yerleştirin.
ç) Küçük bir kapta eritilmiş tereyağını ve kıyılmış sarımsağı karıştırın.
d) Sarımsaklı tereyağı karışımını bükülmüş hamurun üzerine fırçalayın.
e) Parmesan peynirini ve İtalyan baharatını kıvrımların üzerine eşit şekilde serpin.
f) 12-15 dakika veya altın rengi kahverengi olana kadar pişirin. Sıcak servis yapın.

85. Jalapeno Cheddar Twists

İÇİNDEKİLER:

- 1 paket buzdolabında soğutulmuş hilal rulo hamuru
- 1 su bardağı rendelenmiş kaşar peyniri
- 2 jalapeno biber, çekirdekleri çıkarılmış ve ince doğranmış
- 1/4 su bardağı eritilmiş tereyağı
- 1/2 çay kaşığı sarımsak tozu
- 1/4 çay kaşığı kırmızı biber

TALİMATLAR:

a) Fırını önceden 375°F'ye (190°C) ısıtın ve fırın tepsisini parşömen kağıdıyla kaplayın.
b) Hilal şeklinde rulo halindeki hamurları açıp üçgenlere ayırın.
c) Her üçgenin üzerine rendelenmiş kaşar peynirini ve doğranmış jalapenoları eşit şekilde serpin.
ç) Üçgenleri geniş uçtan başlayarak yuvarlayın ve dolguyu sabitlemek için hafifçe çevirin.
d) Bükülmüş ruloları hazırlanan fırın tepsisine yerleştirin.
e) Küçük bir kapta eritilmiş tereyağını, sarımsak tozunu ve kırmızı biberi karıştırın.
f) Tereyağı karışımını bükülmüş ruloların üzerine fırçalayın.
g) 12-15 dakika veya rulolar altın rengi kahverengi olana ve peynir eriyene kadar pişirin. Sıcak servis yapın.

86.Bufalo Tavuğu Twists

İÇİNDEKİLER:

- 2 su bardağı pişmiş tavuk, doğranmış
- 1/2 bardak bufalo sosu
- 1/4 bardak ufalanmış mavi peynir
- 2 yemek kaşığı doğranmış yeşil soğan
- 1 paket buzdolabında soğutulmuş pizza hamuru

TALİMATLAR:

a) Fırını önceden 375°F'ye (190°C) ısıtın ve fırın tepsisini parşömen kağıdıyla kaplayın.
b) Bir kapta, iyice kaplanana kadar kıyılmış tavuk ve bufalo sosunu birleştirin.
c) Pizza hamurunu açın ve ince şeritler halinde kesin.
ç) Her şeridi bükün ve hazırlanan fırın tepsisine yerleştirin.
d) Her büküm üzerine az miktarda bufalo tavuğu karışımını kaşıkla dökün.
e) Kıvrımların üzerine ufalanmış mavi peynir ve doğranmış yeşil soğan serpin.
f) 12-15 dakika veya kıvrımlar altın rengi kahverengi olana ve dolgu ısınana kadar pişirin. Sıcak servis yapın.

87. Pesto ve Güneşte Kurutulmuş Domates Bükümleri

İÇİNDEKİLER:

- 1 paket milföy hamuru
- 1/4 bardak pesto sosu
- 1/4 bardak doğranmış güneşte kurutulmuş domates (yağda paketlenmiş)
- 1/4 su bardağı rendelenmiş parmesan peyniri
- 1 yumurta, çırpılmış (yumurta yıkamak için)

TALİMATLAR:

a) Fırını önceden 200°C'ye (400°F) ısıtın ve fırın tepsisini parşömen kağıdıyla kaplayın.
b) Milföy hamurunu paket talimatlarına göre çözdürün.
c) Milföy hamurunu açın ve ince şeritler halinde kesin.
ç) Her şerit boyunca ince bir tabaka pesto sos sürün.
d) Her şeridin üzerine doğranmış güneşte kurutulmuş domatesleri ve rendelenmiş Parmesan peynirini serpin.
e) Her şeridi yavaşça bükün ve hazırlanan fırın tepsisine yerleştirin.
f) Parlak bir görünüm için kıvrımları çırpılmış yumurta ile fırçalayın.
g) 12-15 dakika veya kabarıp altın rengi kahverengi olana kadar pişirin. Sıcak servis yapın.

88.Ispanaklı ve Feta Twists

İÇİNDEKİLER:
- 1 paket buzdolabında soğutulmuş hilal rulo hamuru
- 1 su bardağı dondurulmuş ıspanak, çözülmüş ve fazla nemi sıkılmış
- 1/2 su bardağı ufalanmış beyaz peynir
- 2 yemek kaşığı rendelenmiş parmesan peyniri
- 1/4 çay kaşığı sarımsak tozu
- Tatmak için biber ve tuz

TALİMATLAR:
a) Fırını önceden 375°F'ye (190°C) ısıtın ve fırın tepsisini parşömen kağıdıyla kaplayın.
b) Hilal şeklinde rulo halindeki hamurları açıp üçgenlere ayırın.
c) Bir kapta ıspanak, beyaz peynir, rendelenmiş Parmesan peyniri, sarımsak tozu, tuz ve karabiberi karıştırın.
ç) Her üçgenin üzerine az miktarda ıspanak ve beyaz peynir karışımından dökün.
d) Üçgenleri geniş ucundan başlayarak yuvarlayın ve dolguyu kapatmak için hafifçe çevirin.
e) Bükülmüş ruloları hazırlanan fırın tepsisine yerleştirin.
f) 12-15 dakika veya rulolar altın rengi kahverengi olana ve dolgu ısınana kadar pişirin. Sıcak servis yapın.

89.Barbekü Çekilmiş Domuz Bükümleri

İÇİNDEKİLER:

- 2 su bardağı pişmiş çekilmiş domuz eti
- 1/2 su bardağı barbekü sosu
- 1/4 su bardağı rendelenmiş kaşar peyniri
- 1/4 su bardağı doğranmış kırmızı soğan
- 1 paket buzdolabında soğutulmuş pizza hamuru

TALİMATLAR:

a) Fırını önceden 375°F'ye (190°C) ısıtın ve fırın tepsisini parşömen kağıdıyla kaplayın.
b) Bir kapta çekilmiş domuz eti ve barbekü sosunu iyice birleşene kadar karıştırın.
c) Pizza hamurunu açın ve ince şeritler halinde kesin.
ç) Her şeridi bükün ve hazırlanan fırın tepsisine yerleştirin.
d) Her büküm üzerine az miktarda çekilmiş domuz eti karışımını kaşıkla dökün.
e) Kıvrımların üzerine rendelenmiş kaşar peyniri ve doğranmış kırmızı soğanı serpin.
f) 12-15 dakika veya kıvrımlar altın rengi kahverengi olana ve dolgu ısınana kadar pişirin. Sıcak servis yapın.

90. S'mores Twists

İÇİNDEKİLER:
- 1 paket milföy hamuru
- 1/4 bardak Nutella veya çikolata kreması
- 1/4 bardak mini marshmallow
- 2 yemek kaşığı ezilmiş graham kraker
- 1 yumurta, çırpılmış (yumurta yıkamak için)

TALİMATLAR:
a) Fırını önceden 200°C'ye (400°F) ısıtın ve fırın tepsisini parşömen kağıdıyla kaplayın.
b) Milföy hamurunu paket talimatlarına göre çözdürün.
c) Milföy hamurunu açın ve ince şeritler halinde kesin.
ç) Her şerit boyunca ince bir tabaka Nutella veya çikolata sürün.
d) Her şeridin üzerine mini marshmallow ve ezilmiş graham krakerleri serpin.
e) Her şeridi yavaşça bükün ve hazırlanan fırın tepsisine yerleştirin.
f) Parlak bir görünüm için kıvrımları çırpılmış yumurta ile fırçalayın.
g) 12-15 dakika veya kabarıp altın rengi kahverengi olana kadar pişirin. Sıcak servis yapın.

91.Caprese Twistleri

İÇİNDEKİLER:

- 1 paket milföy hamuru
- 1/4 bardak fesleğen pesto
- 1/2 bardak kiraz domates, yarıya bölünmüş
- 1/2 su bardağı taze mozzarella incileri
- Tatmak için biber ve tuz
- Çiseleme için balzamik sır (isteğe bağlı)

TALİMATLAR:

a) Fırını önceden 200°C'ye (400°F) ısıtın ve fırın tepsisini parşömen kağıdıyla kaplayın.
b) Milföy hamurunu paket talimatlarına göre çözdürün.
c) Milföy hamurunu açın ve ince şeritler halinde kesin.
ç) Her şerit boyunca ince bir tabaka fesleğen pesto sürün.
d) Her şeridin üzerine bir adet kiraz domatesin yarısını ve bir adet mozarella incisini yerleştirin.
e) Tatmak için tuz ve karabiber ekleyin.
f) Her şeridi yavaşça bükün ve hazırlanan fırın tepsisine yerleştirin.
g) 12-15 dakika veya kabarıp altın rengi kahverengi olana kadar pişirin.
ğ) İsteğe bağlı: Servis yapmadan önce bükümlerin üzerine balzamik sır gezdirin. Sıcak servis yapın.

92.Elmalı Tarçın Bükülmeleri

İÇİNDEKİLER:

- 1 paket milföy hamuru
- 2 elma, soyulmuş, çekirdekleri çıkarılmış ve ince dilimlenmiş
- 2 yemek kaşığı eritilmiş tereyağı
- 2 yemek kaşığı toz şeker
- 1 çay kaşığı öğütülmüş tarçın
- 1/4 su bardağı kıyılmış ceviz (isteğe bağlı)
- Üzerine serpmek için pudra şekeri (isteğe bağlı)

TALİMATLAR:

a) Fırını önceden 200°C'ye (400°F) ısıtın ve fırın tepsisini parşömen kağıdıyla kaplayın.
b) Milföy hamurunu paket talimatlarına göre çözdürün.
c) Milföy hamurunu açın ve ince şeritler halinde kesin.
ç) Her şeridin üzerine eritilmiş tereyağını sürün.
d) Küçük bir kapta toz şeker ve öğütülmüş tarçını karıştırın.
e) Tarçınlı şeker karışımını tereyağlı şeritlerin üzerine eşit şekilde serpin.
f) Her şeridin üzerine birkaç elma dilimi yerleştirin ve istenirse kıyılmış ceviz serpin.
g) Her şeridi yavaşça bükün ve hazırlanan fırın tepsisine yerleştirin.
ğ) 12-15 dakika veya kabarıp altın rengi kahverengi olana kadar pişirin.
h) İsteğe bağlı: Servis yapmadan önce bükümleri pudra şekeri ile tozlayın. Sıcak servis yapın.

93. Jambonlu ve Peynirli Bükümler

İÇİNDEKİLER:

- 1 paket milföy hamuru
- 1/2 bardak dilimlenmiş jambon
- 1/2 su bardağı rendelenmiş kaşar peyniri
- 1 yumurta, çırpılmış (yumurta yıkamak için)

TALİMATLAR:

a) Fırını önceden 200°C'ye (400°F) ısıtın ve fırın tepsisini parşömen kağıdıyla kaplayın.
b) Milföy hamurunu paket talimatlarına göre çözdürün.
c) Milföy hamurunu açın ve ince şeritler halinde kesin.
ç) Her şeridin üzerine birkaç dilim jambon ve bir tutam rendelenmiş kaşar peyniri koyun.
d) Her şeridi yavaşça bükün ve hazırlanan fırın tepsisine yerleştirin.
e) Parlak bir görünüm için kıvrımları çırpılmış yumurta ile fırçalayın.
f) 12-15 dakika veya kabarıp altın rengi kahverengi olana kadar pişirin. Sıcak servis yapın.

94.Pestolu Tavuk Alfredo Twists

İÇİNDEKİLER:

- 2 su bardağı pişmiş tavuk, doğranmış
- 1/4 bardak fesleğen pesto
- 1/4 bardak Alfredo sosu
- 1/4 su bardağı rendelenmiş mozzarella peyniri
- 1 paket buzdolabında soğutulmuş pizza hamuru

TALİMATLAR:

a) Fırını önceden 375°F'ye (190°C) ısıtın ve fırın tepsisini parşömen kağıdıyla kaplayın.
b) Bir kasede rendelenmiş tavuk, fesleğen pesto ve Alfredo sosunu iyice birleşene kadar karıştırın.
c) Pizza hamurunu açın ve ince şeritler halinde kesin.
ç) Her şeridi bükün ve hazırlanan fırın tepsisine yerleştirin.
d) Her büküm üzerine az miktarda tavuk karışımını kaşıklayın.
e) Kıvrımların üzerine rendelenmiş mozzarella peynirini serpin.
f) 12-15 dakika veya kıvrımlar altın rengi kahverengi olana ve dolgu ısınana kadar pişirin. Sıcak servis yapın.

95.Akçaağaç Pastırma Bükümleri

İÇİNDEKİLER:

- 1 paket milföy hamuru
- 1/4 bardak akçaağaç şurubu
- 4 dilim pişmiş pastırma, ufalanmış
- 2 yemek kaşığı esmer şeker
- 1/4 çay kaşığı öğütülmüş karabiber

TALİMATLAR:

a) Fırını önceden 200°C'ye (400°F) ısıtın ve fırın tepsisini parşömen kağıdıyla kaplayın.
b) Milföy hamurunu paket talimatlarına göre çözdürün.
c) Milföy hamurunu açın ve ince şeritler halinde kesin.
ç) Her şeridi akçaağaç şurubu ile fırçalayın.
d) Küçük bir kapta ufalanmış pastırmayı, esmer şekeri ve öğütülmüş karabiberi karıştırın.
e) Pastırma karışımını her şeridin üzerine eşit şekilde serpin.
f) Her şeridi yavaşça bükün ve hazırlanan fırın tepsisine yerleştirin.
g) 12-15 dakika veya kabarıp altın rengi kahverengi olana kadar pişirin. Sıcak servis yapın.

96.Akdeniz Kıvrımları

İÇİNDEKİLER:

- 1 paket milföy hamuru
- 1/4 bardak güneşte kurutulmuş domates pesto
- 1/4 su bardağı doğranmış Kalamata zeytini
- 1/4 su bardağı ufalanmış beyaz peynir
- 1/4 bardak doğranmış taze maydanoz

TALİMATLAR:

a) Fırını önceden 200°C'ye (400°F) ısıtın ve fırın tepsisini parşömen kağıdıyla kaplayın.
b) Milföy hamurunu paket talimatlarına göre çözdürün.
c) Milföy hamurunu açın ve ince şeritler halinde kesin.
ç) Her şerit boyunca güneşte kurutulmuş domates pestosunu ince bir tabaka halinde yayın.
d) Her şeridin üzerine doğranmış Kalamata zeytinlerini, ufalanmış beyaz peyniri ve doğranmış taze maydanozu serpin.
e) Her şeridi yavaşça bükün ve hazırlanan fırın tepsisine yerleştirin.
f) 12-15 dakika veya kabarıp altın rengi kahverengi olana kadar pişirin. Sıcak servis yapın.

97.Fındıklı Karamelli Bükülmeler

İÇİNDEKİLER:

- 1 paket milföy hamuru
- 1/4 bardak karamel sosu
- 1/4 su bardağı kıyılmış fındık (ceviz veya ceviz gibi)
- 2 yemek kaşığı esmer şeker
- 1/2 çay kaşığı öğütülmüş tarçın

TALİMATLAR:

a) Fırını önceden 200°C'ye (400°F) ısıtın ve fırın tepsisini parşömen kağıdıyla kaplayın.
b) Milföy hamurunu paket talimatlarına göre çözdürün.
c) Milföy hamurunu açın ve ince şeritler halinde kesin.
ç) Her şerit boyunca ince bir tabaka karamel sosu yayın.
d) Her şeridin üzerine doğranmış fındık, esmer şeker ve öğütülmüş tarçın serpin.
e) Her şeridi yavaşça bükün ve hazırlanan fırın tepsisine yerleştirin.
f) 12-15 dakika veya kabarıp altın rengi kahverengi olana kadar pişirin. Sıcak servis yapın.

98.Ahududu Krem Peyniri Twists

İÇİNDEKİLER:

- 1 paket milföy hamuru
- 1/4 bardak ahududu reçeli veya konservesi
- 4 ons krem peynir, yumuşatılmış
- 2 yemek kaşığı pudra şekeri
- 1/2 çay kaşığı vanilya özü
- 1 yumurta, çırpılmış (yumurta yıkamak için)

TALİMATLAR:

a) Fırını önceden 200°C'ye (400°F) ısıtın ve fırın tepsisini parşömen kağıdıyla kaplayın.
b) Milföy hamurunu paket talimatlarına göre çözdürün.
c) Milföy hamurunu açın ve ince şeritler halinde kesin.
ç) Bir kapta krem peyniri, pudra şekerini ve vanilya özünü pürüzsüz hale gelinceye kadar karıştırın.
d) Her şeridin üzerine ince bir tabaka ahududu reçeli sürün.
e) Ahududu reçelinin üzerine krem peynir karışımından küçük bir parça koyun.
f) Her şeridi yavaşça bükün ve hazırlanan fırın tepsisine yerleştirin.
g) Parlak bir görünüm için kıvrımları çırpılmış yumurta ile fırçalayın.
ğ) 12-15 dakika veya kabarıp altın rengi kahverengi olana kadar pişirin. Sıcak servis yapın.

99. Limonlu Yaban Mersini Twists

İÇİNDEKİLER:

- 1 paket milföy hamuru
- 1/4 bardak limonlu lor
- 1/4 bardak taze yaban mersini
- 1 yemek kaşığı toz şeker
- 1 çay kaşığı limon kabuğu rendesi

TALİMATLAR:

a) Fırını önceden 200°C'ye (400°F) ısıtın ve fırın tepsisini parşömen kağıdıyla kaplayın.
b) Milföy hamurunu paket talimatlarına göre çözdürün.
c) Milföy hamurunu açın ve ince şeritler halinde kesin.
ç) Her şerit boyunca ince bir tabaka limonlu lor sürün.
d) Limonlu lorun üzerine birkaç yaban mersini koyun.
e) Her şeridin üzerine toz şeker ve limon kabuğu rendesi serpin.
f) Her şeridi yavaşça bükün ve hazırlanan fırın tepsisine yerleştirin.
g) 12-15 dakika veya kabarıp altın rengi kahverengi olana kadar pişirin. Sıcak servis yapın.

100.Akçaağaç Cevizli Twists

İÇİNDEKİLER:

- 1 paket milföy hamuru
- 1/4 bardak akçaağaç şurubu
- 1/4 su bardağı kıyılmış ceviz
- 2 yemek kaşığı esmer şeker
- 1/4 çay kaşığı öğütülmüş tarçın

TALİMATLAR:

a) Fırını önceden 200°C'ye (400°F) ısıtın ve fırın tepsisini parşömen kağıdıyla kaplayın.
b) Milföy hamurunu paket talimatlarına göre çözdürün.
c) Milföy hamurunu açın ve ince şeritler halinde kesin.
ç) Her şeridi akçaağaç şurubu ile fırçalayın.
d) Küçük bir kapta doğranmış cevizleri, esmer şekeri ve öğütülmüş tarçını karıştırın.
e) Cevizli karışımı her şeridin üzerine eşit şekilde serpin.
f) Her şeridi yavaşça bükün ve hazırlanan fırın tepsisine yerleştirin.
g) 12-15 dakika veya kabarıp altın rengi kahverengi olana kadar pişirin. Sıcak servis yapın.

ÇÖZÜM

"EN İYİ EKMEK YEMEK KİTABI"a veda ederken, bunu, tadına varılan tatlara, yaratılan anılara ve yol boyunca gelişen mutfak becerilerine kalplerimiz şükranla dolu olarak yapıyoruz. Galeta yapımı sanatında bize rehberlik eden 100 tarif sayesinde, keşif, tekniklerde ustalaşma ve ev yapımı galeta mükemmelliğinin sırlarını açığa çıkarma yolculuğuna çıktık.

Ancak yolculuğumuz burada bitmiyor. Yeni keşfedilen bilgi ve ilhamla donanmış olarak mutfaklarımıza döndüğümüzde, denemeye, yenilik yapmaya ve ekmek çubuklarıyla yaratmaya devam edelim. İster kendimiz için, ister sevdiklerimiz için, ister misafirlerimiz için yemek yapıyor olalım, bu yemek kitabındaki tarifler gelecek yıllar boyunca neşe ve tatmin kaynağı olarak hizmet etsin.

Ve taze pişmiş ekmek çubuklarının her bir lokmasının tadını çıkarırken, pişirmenin neşesini, fırının sıcaklığını, mayanın aromasını ve sıfırdan lezzetli bir şeyler yaratmanın basit zevkini hatırlayalım. Bu mutfak macerasında bize katıldığınız için teşekkür ederiz. Galetalarınız hep altın renginde, hamurlarınız hep kabarsın, sofranız hep ev yapımı ekmeğin sıcaklığı ve rahatlığıyla dolsun.

www.ingramcontent.com/pod-product-compliance
Lightning Source LLC
Chambersburg PA
CBHW070418120526
44590CB00014B/1438